KB218343

불교를 사랑한 조선 유학자의 선어록

불교를 사랑한 조선 유학자의 선어록

述夢瑣言

김대현 저, 박성덕 역

운주사

역자 머리말

『술몽쇄언』은 『능엄경』을 통해 불교에 귀의하게 된 조선 후기 유학자인 월창 김대현(月窓 金大鉉, ?~1870)이 지은 특별하고도 비범한 불교 에세이이다. 그는 당시 사람들의 관심사인 꿈을 소재로 하여 불교를 알려서 중생을 계몽하려 하였다. 꿈을 선택한 동기는 사람들의 관심을 끌기 위한 목적이기도 했지만, 무엇보다 조선시대는 불교가 억압받고 유교가 숭상되던 시기므로 불교 포교와 중생 계몽을 드러내어 실천하기가 쉽지 않았기에 우회적인 방법을 택한 것이다. 그래서 불교를 드러내지 않고 오로지 꿈이라는 소재만으로 불교의 진수를 말하면서 불교의 깨달음인 견성見性을 위한 수행의 촉구가 『술몽쇄언』의 주제인 것이다.

『술몽쇄언』은 '꿈을 이야기하는 자질구레한 말'이라는 뜻이다. 저자 김대현은 꿈을 통해 불교의 정수인 깨달음을 말하려 하고 있는데, 말로 표현이 되지 않는다는 깨달음에 대해 굳이 말로 표현하려 한 것에 대한 염려와 겸손이 묻어나는 제목이다. 그는 『술몽쇄언』의 머리말인 자서自叙에서 그의 꿈 이야기를 사람들에게 이야기했을 때 그들이 망연자실했다고 적고 있다. 이는 일반적으로 사람들이 생각하는 보편적인 꿈이나 해몽에 대한 이야기가 아니라 꿈을 통해 삶과 죽음, 그리고 불교의 깨달음을 이야기하고 있기 때문이다.

『술몽쇄언』은 동서고금을 막론하고 뜨거운 논쟁의 대상이 되고 있는 이슈인 삶과 죽음에 대한 문제, 고통과 슬픔 그리고 기쁨과 즐거움으로 점철된 중생의 인생에 대한 본질, 사람들의 욕망과 어리석음은 물론 지식인들의 가치관에 대한 한계와 문제점을 다루고 있다. 그는 불교적 관점으로 이 모든 것들의 본질은 자체의 어떤 특별한 별도의 성질(自性)이 있는 것이 아닌, 그저 꿈이고 공空이라고 주장한다.

실제로 『술몽쇄언』에서도 장자莊子의 유명한 '나비 이야기'가 나오고 있다. 도교와 불교의 차이를 혼돈하여 『술몽쇄언』이 도교의 저서라고 주장하는 학계의 시각도 있다. 그러나 『술몽쇄언』은 공空과 무차별을 이야기하는 데서 그치지 않고 외도의 사상들을 비판하면서 결국에는 사바세계라는 꿈에서 완전히 깨어나는 것이 핵심인데, 이는 불교의 깨달음인 견성밖에 없다고 주장한다. 그리하여 범부들의 삶의 지향점으로 견성을 제시하면서 견성의 실현을 위해 수행을 촉구하는 것으로 마무리되고 있다. 따라서 『술몽쇄언』은 불교 사상을 표방하는 엄연한 불교 서적인 것이다.

이처럼 중요한 책이건만 이에 대한 제대로 된 번역서가 없는 현실이 안타까워 번역을 결심하였다. 박사논문을 쓰면서 번역을 시작해서 완료하였으나 차일피일 미루다 수년이 지나서야 출간을 하게 되었다. 앞서 역자의 기존 번역서인 『불교에 빠진 조선 유학자의 특별한 꿈 이야기』에서의 몇몇 오역들을 수정 보완하였고, 오늘날 상용되는 매끄러운 표현을 위해 원문의 의미를 훼손하지 않는 범위 내에서 일부 의역 작업을 하였다.

안타까웠던 점은 이뿐만이 아니다. 『술몽쇄언』뿐 아니라 저자 김대현은 조선 후기의 인물임에도 우리에게 생소하다. 그래서 그와 그의 저서를 세상에 널리 알려야겠다는 일념 하나로 번역에 임하였다. 이러한 취지에 맞게 어려운 한문 제목인 '술몽쇄언'이 아닌 '불교를 사랑한 조선 유학자의 선어록'이라는 제목으로 거듭나게 되었다. '불교를 사랑한 조선 유학자의 선어록'은 불교 서적이 갖고 있는 난해하고 딱딱해 보이는 선입견을 조금이라도 완화하기 위해, 원제인 술몽쇄언의 특성을 살리면서도 독자들에게 친숙하게 다가가기 위한 시도인 것이다.

이 책의 제목에서 보다시피 『술몽쇄언』은 불교 에세이이기도 하지만 선어록이라고도 할 수 있다. 『술몽쇄언』은 불교의 수행과 깨달음에 대한 저자의 견해가 덤덤하고도 조리 정연하게 서술되고 있기 때문이다. 그는 『술몽쇄언』에서 깨달음과 생사의 원리를 수면 속 꿈과 깸으로 비유하고 함축해서 설명한다. 역대 조사들의 전유물처럼 여겨지는 선어록은 깨달음에 대한 언급과 기록으로 본다면 굳이 승속을 가릴 성질의 것은 아니다. 실제로 『술몽쇄언』은 김대현만의 고유한 사상을 담은 책이 아니라, 꿈을 통해 깨달음에 대해 설법하고 있는 역대 조사스님들의 사상을 응용하고 있다. 그래서 김대현의 '선어록'인 것이다.

기발하고도 섬세하면서 예리하기까지 한 논리적 서술로 미뤄 볼 때 『술몽쇄언』을 지은 월창의 수행의 경지가 상당히 깊다고 판단된다. 백용성(白龍城, 1860~1940) 스님도 『귀원정종歸源正宗』에서 김대현을 높이 평가한 바 있다. 또한 김대현의 문하생인 혜월거사 유성종(慧月居士 劉聖鍾, 1821~1884)의 『술몽쇄언』 발문跋文에서도 월창의 검소한 생활상은 물론 치열한 수행 정신과 실천을 엿볼 수가 있다.

이러한 이유로 『술몽쇄언』은 유행이 지나면 사라지는 상업적 출판물이 아니라, 아끼고 보존하여 더욱 더 연구하고 발전시켜야 할 우리의 훌륭한 문화유산인 것이다. 하지만 잘 알려지지 않은 그의 행적과 저서는 아직도 연구가 턱없이 부족하다. 엄연히 한국의 역사, 철학, 종교 분야에서 활약한 인물이고, 그의 발자취라 할 수 있는 저술은 귀중한 유산임에도 불구하고 관련 자료가 희박하다. 『술몽쇄언』에 대한 연구도 역자의 박사학위논문 외엔 거의 전무한 실정이다. 이런 상황은 역자에게 『술몽쇄언』을 널리 알려야 한다는 사명감으로 다가왔다.

불교는 어려울 것이라고 생각하지만, 이 책에서도 언급하고 있듯이 결코 그렇지 않다. 단지 우리가 지닌 선입견과 고정관념의 틀로 불교를 대하고 있기 때문에 어렵고, 불교의 진수를 체득하는 데 장애障礙가 될 뿐이다. 불교를 지식知識으로 받아들이고 알려고 하는 자세를 버리고, 부처님과 역대 조사들의 사유思惟와 수행법을 직접 실천하는 실험을 하지 않으면 그야말로 죽은 불교라고 생각한다. 그런 점에서 이 책이 오늘날 어렵고 답답한 현실을 살아가는 우리들에게 새로운 관점에서 세상을 바라보는 계기를 마련해 주었으면 좋겠다. 나아가 삶의 고통에 대한 근본적인 해결책이 있는 불교에 대해 알고자 하는 이들의 갈증 해소에 조금이나마 도움이 되기를 진심으로 바란다.

끝으로 역자의 출간 의지를 적극 수용하여 책을 내놓을 수 있게 도와준 운주사 김시열 대표와 직원들에게 깊은 감사를 전한다.

2021년 1월 용주사 만수리실에서

박성덕(법오) 합장

세상을 보는 사람은 그저 꿈을 꿀 뿐이지만,

자신의 내면을 보는 사람은 비로소 그 꿈에서 깨어난다.

– 칼 융(Carl Gustav Jung) –

自叙

月窓居士 海東人也 素性愚拙 不喜交遊 每於夜靜 開窓對月 獨坐悠然 因自號曰月窓 一日頹臥窓下 仍成一夢 睡覺 向人言夢 聽者茫然 乃記其說 志厥所見 名曰述夢瑣言 謂其言瑣屑 不足爲夢醒者道云爾

머리말

월창 거사는 해동 사람이다. 타고난 성품이 어리석고 못나서 사람들과 어울려 놀기를 좋아하지 않았다. 고요한 밤마다 창문을 열고 달을 마주하여 한가롭게 홀로 앉아 있곤 하였다. 그래서 스스로 호를 월창月窓이라 지었다.

어느 날 창 아래 쓰러져 누웠다가 꿈을 꾸고, 잠에서 깨어나 사람들에게 꿈을 이야기하니 듣는 사람들이 망연자실했다. 그래서 그 이야기를 기록하고 그 본 바를 적어서 '술몽쇄언述夢瑣言'이라 이름 붙였다. 그 말들이 자질구레하여, 꿈을 깬 사람의 도道를 운운云云하기에는 충분하지 못하기 때문이다.

1

知常지상

영원불변함을 앎

世人以覺爲常 以夢爲幻 夢者 不覺之名 覺者 不迷之稱 夢若是幻 在夢者 可謂無常 覺若是常 出夢者 乃可謂常 世所謂大丈夫者 果能知其何者 是常 何者是無常乎 常者 不變不幻苟知身中有不變不幻之物 則可謂知常

◉

세상 사람들은 꿈에서 깬 것은 영원불변함이고, 꿈은 환상이라고 생각한다. 꿈은 깨지 못했음을 말함과 같고, 깸은 미혹하지 않음을 일컫는다. 꿈이 만약 환상이라면 꿈속에 있는 것은 영원불변하지 않다고 할 수 있다. 만약 꿈에서 깨어남이 영원함이라고 한다면 꿈에서 깨는 것이야말로 비로소 영원불변함에 이르는 것이라고 할 수 있다.

세상에 소위 대장부라고 하는 사람들은 바야흐로 과연 무엇이 영원불변한 것이고 어떤 것이 영원불변하지 않은 것인지 능히 알고 있는가. 영원불변하다는 것은 변함이 없고 환상이 아닌 것이다. 진실로 몸 가운데 변치 아니하고 환상이 아닌 것이 있음을 안다면 영원불변함을 안다고 할 수 있다.

◉

2

妄幻망환

허망한 환상

以覺視夢 所行皆是妄作 所見皆是幻境 夫在夢者 知不能見於幻思不能及於覺 而反以出夢之說 指爲虛誕

◉

잠에서 깨어나 꿈을 보면, 행한 것들이 다 망령되게 지은 것이고 본 것이 다 환상의 세계다. 대체로 꿈속에 있는 사람의 지혜는 능히 환상을 보지 못한다. 꿈속에서의 생각은 잠에서 깨어남에 미치지 못한다. 그런데도 세상 사람들은 도리어 꿈을 벗어나는 말을 가리켜 거짓되고 미덥지 않다고 한다.

◉

3

壽夭수요

장수와 단명

一元者 天地之夢 一世者 人物之夢 一元大夢 一世小夢 萬物之生 有經萬千歲者 有享百十年者 有暫生卽死者 壽是長夢 夭是短夢 未覺之前 壽雖萬千 卽一萬千年 長夢中物 夫一夜之夢 或有如歷年之久 或有如瞬息之暫 長短雖異 均是一幻 覺來可付一笑 在夢者 尙且眷眷

◉

천지가 한 번 뒤바뀜은 천지의 꿈이요, 한 세상은 인간의 꿈이다. 천지의 뒤바뀜은 큰 꿈이고, 한 세상은 작은 꿈이다. 만물의 수명은 천년만년인 것이 있고, 죽음에 이름이 십 년·백 년인 것이 있고, 잠깐 생겼다가 곧 죽는 것이 있다. 수명이 긴 것은 긴 꿈이고, 수명이 짧은 것은 짧은 꿈이다.

꿈을 깨기 전에는 수명이 비록 천년만년일지라도 단지 천년만년의 긴 꿈속의 것일 뿐이다. 저 하룻밤의 꿈은 한 해를 보내는 것처럼 긴 것이 있고, 혹은 짧은 호흡처럼 잠깐인 것도 있다. 비록 길고 짧음이 다를지라도 모두 하나의 환각에서 오는 것이다. 한 번 웃어줄 정도인데, 꿈속에 있는 사람들은 오히려 그리워하고 집착한다.

◉

4

自成자성

스스로 만듦

夢中亦有天地萬物 其天地萬物 來入吾夢歟 抑吾往見天地萬物歟 夢與甲乙飮酒 而甲乙不夢 是何嘗來往 皆我自心妄成

◉

꿈속에도 천지만물이 있다. 그 천지만물이 내 꿈으로 와서 들어온 것인가, 문득 내가 가서 천지만물을 본 것인가. 꿈에서 갑과 을이 함께 술을 마셨다. 그런데 갑과 을은 같은 꿈을 꾸지 않으니 어찌 오고 감을 맛보겠는가. 다 내 마음이 스스로 허망하게 이룬 것들이다.

◉

5

知歸지귀

돌아갈 곳을 앎

世人或以生爲眞 而以死爲幻 或以生爲寄 而以死爲歸 以死爲幻 死是生者之夢 以生爲寄 生是死者之夢 夫生不覺 則其生非眞 死無覺 則其死非歸 知生則知死 知死則知歸 知歸者 出於生死之夢

◉

세상 사람들 중 어떤 이는 삶이 진실이라고 말하고, 죽음을 환상이라고 한다. 어떤 사람은 삶이란 임시로 있는 것이고, 죽음은 본래 자리로 돌아감이라고 생각한다. 죽음을 환상이라고 한다면 죽음은 살아있는 사람의 꿈이며, 삶을 임시로 있는 것이라고 한다면 삶은 죽은 자의 꿈이다.

살아서 깨닫지 못하면 살아도 진실이 아니다. 죽어서 깨달음이 없으면 죽음은 본래 자리로 돌아감도 아니다. 삶을 알면 죽음을 알고, 죽음을 알면 돌아갈 곳을 안다. 본래 자리로 돌아감을 아는 사람은 생사의 꿈을 떠난다.

◉

6

求我구아

나를 궁구함

以覺爲我 夢者是誰 以夢爲我 覺者是誰 以生爲我 死者是誰 以死爲我 生者是誰 覺不知夢 覺是夢之幻 夢不知覺 夢是覺之幻 生不知死 生是死之變 死不知生 死是生之變 夢覺互幻 死生相變 而求我於其間 未得眞實處 世無一人 疑到於此者 噫 擧世方在夢裏耶

◉

잠에서 깨어남을 나라고 한다면 꿈꾸는 자는 누구인가. 살아있는 사람을 나라고 한다면 죽은 자는 누구인가. 죽은 사람을 나라고 한다면 살아있는 자는 누구인가. 잠에서 깨어나서 꿈을 알지 못하면 깨어남은 꿈의 환상이 된다. 잠에서 깨어남을 꿈속에서 알지 못하면 꿈은 깨어남의 환상이다. 살아서 죽음을 알지 못한다면 삶은 죽음의 변형일 뿐이다. 죽어서 삶을 알지 못하면 죽음은 삶의 변형일 뿐이다.

꿈과 깸은 번갈아드는 환상이다. 죽음과 삶은 형상의 변화(相變化)*이다. 그 사이에서 나를 구한다고 하나 참으로 진실한 곳을 찾을 수 없다. 이 진실한 곳에 다다른 사람은 아마도 세상에 한 사람도 없을 것이다. 아! 온 세상이 모두 꿈속에 있는 것인가.

---

* 동전의 양면, 물과 얼음처럼 같은 본체가 지닌 두 가지 모습이다. 물리화학적 상전이相轉移를 생각하면 이해가 좀 더 수월할 것이다.

7

有無유무

존재함과 존재하지 않음

或曰生者自無而忽有 死者自有而忽無 曰或有或無 曰久且泯滅 是皆情識妄度 不知無生之理也 忽夢忽覺 而知其有能夢能覺者 有夢無夢 而知其有或夢或不夢者 死生大夢 寤寐小夢 夫小夢依於大夢而有無 大夢依於非夢而隱現

◉

어떤 사람이 말하기를, 사람이 태어남은 스스로 없다가 문득 생기는 것이고, 사람이 죽음은 스스로 있다가 홀연히 없어지는 것이라고 한다. 혹은 있다고 하고 혹은 없다고 하며, 오래되면 장차 사라져 없어진다고 말한다.

이것은 다 정식情識*의 망령된 법이며 무생無生의 이치를 모르는 것이다. 홀연히 꿈을 꾸고 꿈을 깬다. 그래서 능히 꿈을 꾸고 꿈을 깨는 것이 마땅히 있음을 안다. 꿈이 있기도 하고 꿈이 없기도 하다. 그래서 혹은 꿈을 꾸고 혹은 꿈을 꾸지 않는 것이 응당 있음을 안다. 삶과 죽음은 큰 꿈이다. 잠들고 깨는 것은 작은 꿈이다. 대체로 작은 꿈은 큰 꿈에 의지하여 생기고 사라진다. 큰 꿈은 꿈 아닌 것에 의지하여 숨고 나타난다.

---

* 중생의 거친 제6식第六識. 『능엄경楞嚴經』 해설서 가운데 하나인 『계환해戒環解』에 의하면 제8식(아타나식阿陀那識, 집지식執持識, 법상종에서는 아뢰야식阿賴耶識이라고 하고, 섭론종에서는 말나식末那識이라고 함)인 식정識精에 의지해서 나타나는 허망한 마음.

8

猶存유존

그대로 남아 있음

夢中占高官 獲重寶 生貴子 卜美姬於是乎 建立功業 廣置田宅 教子求榮 携姬行樂 飜然夢覺 人是境非 缺然如失 痴想猶存 夫俄者本無此夢 曾無此想 今旣夢去而想猶存者 何 世人經綸纔成 奄然長逝 若死而痴想猶存 則神暗魂濁 精結魄滯 隨境而迷 遇物則著 夢中之夢 幻中之幻 靡所不至

◉

꿈속에서 높은 지위를 차지하고 소중한 보배를 얻는다. 귀한 자식을 낳고 아름다운 여인을 바래서 공을 세우고 밭과 집을 넓게 사들이고 자식을 교육시키고 영화榮華를 구한다. 기녀를 두고 놀면서 즐긴다.

홀연히 꿈에서 깨면 사람은 그대로이나 환경은 그대로가 아니다. 잃어버린 것처럼 실망한다. 어리석은 생각이 그대로 남아 있다. 이 꿈이 없었다면 이러한 그리움도 없었을 것이다. 이제 이미 꿈은 사라져 버렸으나 그리움이 그대로 남아 있는 것은 무엇 때문인가.

세상 사람들은 경륜經綸을 이루고서는 갑자기 죽기도 한다. 만약 죽은 뒤 어리석은 미련이 존재한다면, 혼은 어둡고 탁하며 정精은 맺히고 넋은 얽매여서 마음 상태에 따라 헤매다가, 물질과 우연히 만나면 집착해서 나타난다. 꿈속의 꿈이고 환상 속의 환상이 되어 이르지 않는 바가 없다.

◉

9

相通상통

서로 통함

夢中或値困境 呻吟痛楚 醒來氣息猶喘 筋脉猶澀 其夢是幻 其形實受 何也 境惟心造 業惟自招 本無是事 妄見其夢 本無是夢 妄受其苦 故聞說酢梅 口中生涎 思蹋懸崖 足心酸澀 聞說是虛 而能生實相 思蹋是妄 而能搖本體 是有無相 卽虛實相通之驗 夢覺一也 死生一也 有無一也 世人猶以爲死後無知無受 是不知有無之理

◉

꿈속에서 간혹 곤경困境을 만나서 신음하거나 고통을 매우 당하면 잠에서 깨어도 숨을 헐떡이고 힘과 맥이 풀린다. 그 꿈은 환상인데 그 형세形勢를 실제로 받는 것은 무엇 때문인가. 경계는 오직 마음이 만들고, 업은 오직 스스로가 부른 것이다. 본래 이러한 꿈은 없는 것인데도 허망하게 그런 꿈을 본다. 본래 이러한 꿈은 없는 것인데 허망하게 그런 고통을 받는다.

그런 까닭에 신 매실 이야기를 들으면 입안에 침이 고이고, 깎아지른 벼랑에 발을 딛는다는 생각을 하면 발바닥이 시큰거리고 움츠러든다. 이야기를 들음은 헛된 것인데 능히 실상이 생기고, 벼랑을 밟는다는 생각은 허망한 것인데도 능히 본체本體를 어지럽힌다.

이것은 유有와 무無가 상즉相卽하고, 허虛와 실實이 서로 통한다는 증거이다. 꿈과 깸이 하나이고, 생사가 하나이고, 유무가 하나인데, 오히려 세상 사람들은 죽은 뒤에는 받는 것도 없고 아는 것도 없다고 말한다. 이는 유무의 이치를 모르는 것이다.

◉

10

魂魄

혼백

世謂人死 魂升魄降 形銷神滅 復有何物 受其罪福 知其苦樂 殊不知夢中人 亦有知有受 夫身不離床 之東之西者 誰 身固自若 受苦受痛者 誰且所謂升降者 有知歟 無知歟 無知則升者誰 降者誰 有知則一 人應無二 知一升一降 知屬何處 既不識魂魄升降之義 又惡知形神有無之理

◉

세상 사람들이 말하길, "사람이 죽으면 혼魂은 올라가고 백魄은 내려간다. 형체는 사라지고 정신은 멸한다. 다시 어떤 것이 있어서 그 죄와 복을 받고 그러한 고통과 즐거움을 알겠는가."라고 한다. 그런데 그들은 꿈속의 사람도 앎이 있고 받음이 있다는 것을 모른다. 몸은 평상을 떠나지 않는데 동으로 가고 서로 가는 자는 누구이며, 몸은 종전과 같이 편안한데 고통을 받고 아픔을 받는 자는 누구인가.

또한 소위 올라가고 내려오는 혼백이 아는 것이 있는가, 아는 것이 없는가. 아는 것이 없다면 올라가는 것은 누구이고 내려오는 것은 누구인가. 아는 것이 있다면 한 사람이 두 가지로 아는 것은 마땅히 없을 것이다. 하나는 올라가고 하나는 내려온다면 그 안다는 것은 어느 곳에 붙을 것인가. 이미 혼백이 올라가고 내려오는 뜻을 알지 못하니, 또한 형체와 정신이 있고 없음의 이치를 어찌 알겠는가.

◉

11

升墜승추

올라가고 떨어짐

醫書云 陽盛夢飛 陰盛夢墜 蓋善屬陽 陽多則魂氣輕清 故攝魄而升 惡屬陰 陰多則魄氣重濁 故攝魂而降 升明爲神 降幽爲鬼 積習旣久 變化成物 升墜因果 皆我自造 點檢吾心 善惡孰勝 證驗吾夢 淸濁何似 三界苦樂 備乎自心 何須死而後知 緣氣相引 如磁吸鐵 旣培其根 自達其枝 因果相感之理 豈虛哉

◉

의서醫書에 이르기를, 양陽이 많으면 나는 꿈을 꾸고, 음陰이 많으면 떨어지는 꿈을 꾼다고 한다. 대개 선善은 양에 속한다. 양이 많으면 혼魂의 기氣가 가볍고 맑다. 그래서 백魄을 끌고 올라간다. 악惡은 음에 속한다. 음이 많으면 백魄의 기氣가 무겁고 탁하다. 그래서 혼魂을 끌고 내려간다. 밝은 곳으로 올라가서 신神이 되고 어두운 곳으로 내려가서 귀鬼가 된다. 습관이 쌓여서 이미 오래되면 변화하여 결과물을 만든다.

올라가고 떨어짐의 인과는 다 내가 스스로 만든 것이다. 내 마음을 점검하여 선과 악 어느 것이 더 많고, 내 꿈이 맑고 탁함이 어떠한지를 증험證驗하라. 삼계三界의 고락苦樂이 모두 자기 마음이로다. 어찌 반드시 죽고 나서야 알겠는가. 연緣과 기氣가 서로 당기는 것은 마치 자석이 철을 잡아당기는 것과 같다. 이미 그 뿌리가 많아지면 저절로 그 가지가 드러난다. 인과가 상응하는 이치가 어찌 헛되다 할 수 있겠는가.

◉

12

緣感연감

연기緣起와 정감情感

心受者 夢亦愛 心惡者 夢亦惡 有是心則有是事 今旣能成 夢後安得無緣 機緣相射 時節湊合 有若自然者 譬如下種於地 逢春乃萌開花結子 是皆情感所召 有是因則有是果 復何足疑

◉

마음으로 사랑하는 자는 꿈에서도 역시 사랑한다. 마음으로 미워하는 자는 꿈에서도 역시 미워한다. 이러한 마음이 있으면 이러한 일이 있다. 지금 이미 꿈을 능히 이루었으니 그 뒤 어찌 연緣하지 않을 수 있겠는가. 시기와 연緣이 서로 맞아 떨어지고 시절時節이 모여 합쳐짐이 자연스러운 것과 같다. 비유하자면 마치 땅에 뿌린 씨앗이 봄이 되면 싹이 트고 꽃이 피며 열매를 맺는 것과 같다. 이 모두가 마음이 불러들이는 것이다. 이 원인이 있으면 이 결과가 있음을 다시 무엇을 더하여 의심하랴.

◉

13

仇怨구원

원수와 원망

夢中與人作仇 不勝忿怨 覺來回想 事幻心妄 仇者是誰 恨者何人 實無仇我者 而我恨自妄 我苟不妄 實無仇人 世或有結怨深恨 毒氣凝結 死猶未散 而爲鬼爲魅 是皆自心所召業力攸成 苟能平心自反知皆夢幻 百世結緣 一念消滅 可不思諸

◉

꿈속에서 남과 원수를 맺어 분노와 원한을 이기지 못하다가, 잠에서 깨어 돌이켜 생각해 보면 그 일은 환상이고 마음은 허망하다. 원수 맺은 사람이 누구인가. 원통해 하는 사람이 어떤 사람인가. 실로 나를 원수로 맺은 사람이 없는데 내가 원통해 하는 것은 스스로 지은 망령이다. 내가 진실로 망령된 생각을 하지 않으면 실제로 원수 맺을 사람은 없다.

세상에는 간혹 원한을 맺어 깊이 원망하여 독기가 맺혀서, 죽어서도 오히려 흩어지지 않고 귀신이 되고 도깨비가 된다. 이것은 다 스스로의 마음이 초래한 것이다. 업력業力이 이룬 것이다. 진실로 마음을 평온하게 가지고 스스로를 반성할 수 있다면 다 꿈이고 환상임을 알게 된다. 백 년에 걸쳐 맺은 인연도 한 생각에 소멸된다. 이를 생각하지 않을 수 없으리라.

◉

14

自是자시

자기 의견만 옳다 함

醉中人自以爲是 醒而後 始知其醉非本性 夢中人自以爲是 覺而後 始知其夢非本性 夫世人自以爲是 不悟其醉於氣血 夢於情識 所謂知解是非 愛惡怨戀 皆不出於醉情夢想 清淨性中 豈有是事

◉

취중醉中에 스스로 옳다고 주장하다가, 깬 뒤에야 비로소 그것은 취한 것임을 알고 본성이 아님을 슬퍼한다. 꿈속에서 사람이 스스로 옳다고 하다가, 잠에서 깨고 난 뒤 비로소 그것이 꿈이고 본성이 아님을 안다.

대체로 세상 사람들은 스스로가 옳다고 하면서 혈기에 도취되고, 감정과 식견識見에 사로잡혀 있음을 깨닫지 못한다. 소위 지식, 시비是非, 애증愛憎, 원망, 연모戀慕는 다 취중의 감정이며 꿈속의 생각에 지나지 않는다. 맑고 깨끗한 본성에 어찌 이러한 일들이 있겠는가.

◉

15

不二불이

둘이 아님

臨難苟免 不顧羞恥者 豈不謂惟生可貴歟 夫夢死而覺則無死 本無生 亦無死 世人妄計 日此是生 彼是死 古人之視生死如來往 順受不二者 其超出凡情乎

◉

어려움에 처했을 때 구차하게 모면하고 부끄러움을 돌아보지 않으면, 어찌 오직 사는 것만이 중요하다고 생각함이 아니겠는가. 꿈속에서 죽었다가 깨어나면 죽음은 없다. 본래 태어남도 없고 죽음도 없는데, 세상 사람들은 허망하게 헤아려 말하길, '이것은 삶이고 저것은 죽음'이라고 한다. 옛 사람들은 생사를 오고 감과 같이 보고, 둘이 아닌 것으로 순응하고 받아들였다. 그것은 범부의 마음을 초월한 것이다.

◉

16

屈伸굴신

굽히고 폄

陽極陰生 陰極陽復 一屈一伸 一進一退 理之常也 福之過也 禍將至矣 悔之深也 吉將萌矣 仇人者 夢被其辱 欺人者 夢受其怒 何以故 形可欺 而心不可欺 始可逭而終不可逭 自作自受 無或倖免

◉

양陽이 극에 달하면 음陰이 생기고, 음이 극에 이르면 양이 돌아온다. 한 번 굽어지면 한 번 펴지고, 한 번 나아가면 한 번 후퇴하는 이치는 변함없는 법칙이다. 복이 지나치면 장차 재앙이 오고, 뉘우침이 깊으면 장차 좋은 일이 싹튼다. 남을 원수로 삼는 자는 꿈에 남에게 욕을 당하게 되고, 남을 속이는 자는 꿈에 남에게서 성냄을 받는다.

무엇 때문인가. 외형은 속일 수 있으나 마음은 속일 수 없고, 처음은 피할 수 있을지 모르나 마지막은 모면할 수 없기 때문이다. 스스로 짓고 스스로 받으니, 요행으로도 벗어나지 못한다.

◉

17

超然초연

얽매임을 초월함

世或有超然物外獨行無憂者 人以謂强所難强 不近人情 夫夢中亦有事物 憂喜牽纒 覺則無一物眞實者 自然心身無事 是豈强情而然哉 本來無事 復何强憂

◉

세상에는 간혹 초연하여 속세 밖에서 홀로 살아가며 근심 없는 이가 있다. 사람들은 억지로 그렇게 한다고 하나, 억지로 하기 어려운 것은 사람의 마음에 가깝지 않기 때문이다. 꿈속에서도 일과 물질에 근심과 기쁨을 끌어들이고 얽매이는 일이 있다. 깨면 아무것도 없다. 진실한 사람은 자연히 몸과 마음에 일이 없다. 이 어찌 고집스런 완고함으로 그렇게 하는 것이겠는가. 본래 일이 없는데 다시 무엇을 억지로 근심하랴.

◉

18

忘取망취

허망하게 취함

未夢之前 不見有夢天地 旣寤之後 不見有夢境界 是夢中天地境界 皆我妄取 未生之前 不見有此世界 旣死之後 不見有此事物 是世界事物 皆我自局故 有我而後 有世界事物 心苟無我 世界事物 何有於我

◉

아직 꿈꾸기 전에는 꿈속에서 천지가 있음을 볼 수 없다. 이미 꿈에서 깬 뒤에도 꿈속의 경계를 볼 수 없다. 이것은 꿈속의 천지와 경계가 다 내가 망령되게 받아들인 것이다. 아직 태어나기 전에는 이 세계가 있음을 보지 못한다. 이미 죽은 뒤에도 이 세계의 일들과 만물이 있음을 보지 못한다. 이 세계와 대상 경계들은 다 내가 스스로 벌린 판이다.

그러므로 내가 존재하고 그 후에 세계와 상대가 있는 것이다. 마음에 진실로 내가 없는데 세계와 경계가 어찌 나에게 존재할 수 있겠는가.

◉

19

問心문심

마음에 물어봄

或曰嘗以爲人物生死 卽一氣聚散 氣聚成物 氣散物亡 聚而成物 自然神生於中 與物俱長 知識成就 物久形弊 精衰神昏 與物俱亡 究竟歸虛 觀於生死之際 竊有所疑 初生也 知解未成 而靈照朗然 垂死也 手脚慌亂 而靈知自如 未嘗爲聚散之所斷續 昏明之所增減 其生不應自無而忽有 其死不應自有而忽無 彼旣貫生死而一如 其始終孰能究焉 不識其中果有斯理乎 曰斯理之不明於世久矣 爾不知寤寐乎 夢覺相幻 千變萬化 知解之成壞 思想之斷續 不知其幾許遷轉 而一貫不隨者存故 依此而夢覺 依此而變化 若無是 孰能知夢知覺知變知 化而不與之俱化乎 無知之知 異乎能知之知 爾以能知之知 惡知無知之知

◉

어떤 이가 말하길, "옛날에는 인물의 생사라고 하는 것은 곧 하나의 기운이 모이고 흩어지는 것인데, 기운이 모이면 육체를 이루고 기운이 흩어지면 육체는 멸한다고 하였다. 모여서 육체를 이루면 자연스럽게 거기에 정신이 생기고 육체와 더불어 성장하며 지식이 성취된다. 육체가 오래되면 죽고, 정신은 쇠약하고 어두워지며 육체와 함께 없어지고, 결국에는 허공으로 돌아간다고 하였다. 생사를 관찰해 보니 슬그머니 의심이 생긴다. 처음 태어났을 때 알고 이해함은 아직 이루어지지 않았으나, 마음이 영묘하게 비춤이 밝고 맑다. 죽을 때 육신은 손상되어 기능을 잃어도 신묘하게 앎은 처음과 같다. 일찍이 모이고 흩어짐이 끊어짐과 계속됨이 없고, 어두움과 밝음이 증가하고 감소함이 없다. 그 태어남은 응당 본래 없다가 갑자기 생긴 것이 아니다. 그 죽음은 응당 본래 있다가 갑자기 없어짐이 아니다. 그것이 이미 생사를 관통하여 하나와 같다면 그 처음과 끝을 누가 능히 헤아릴 수 있겠는가. 알 수 없는 건, 과연 이러한 이치가 있겠는가 하는 것이다."라고 하였다.

물음에 답한다. "이 이치가 세상에 밝혀지지 않음이 오래되었다. 그대는 잠자고 깨는 것을 알지 못하는가. 꿈과 깸은 서로 변화하여 천 번 만 번 바뀌고, 알고 이해함이 이루어지고 무너지고, 생각이 이어지고 끊어지고, 그것이 몇 번이나 바뀌는지 알지 못한다. 그러나 이런 흐름을 따르지 않는 것이 존재한다. 그러므로 이것에 의하여 꿈을 꾸고 깨기도 하고, 이것에 의하여 변화하기도 한다. 만약 이것이 없다면 누가 능히 꿈을 알고 꿈을 깸을 알고, 변화를 알고 함께 변하지 않음을 알겠는가. 알려 하지 않아도 저절로 아는 지혜는 알려고 애써서 아는 지혜와는 다르다. 그대가 인위적인 노력으로 얻은 지혜로써 본연의 지혜를 어찌 알 수 있겠는가."

◉

20

鬼狐귀호

귀신과 여우

爲鬼狐所迷者 只見其嬌艶故 愛戀親暱 不覺爲彼所弄 奪精耗氣 死且甘心 後或省悟 非狐則鬼 其人毛竪心寒 雖欲勉留而不可得矣 今夫世人 迷惑姿色 痴戀忘身 損氣耗財 甚於鬼狐 死而無悔 與其死於鬼狐 有何差別乎 況畵眉塗臉 無異鬼幻 巧言令色 何殊狐迷 且耗人家財 間人骨肉 翻情割愛 改粧別抱 想其情態 反甚於鬼狐 然心方迷惑 身陷夢域 死且不顧 更何商量 夫色不能使我迷 我自迷 境不能使我縛 我自縛 每於境異情偏處 平心思量 心常自在 不人夢境 彼焉得爲幻爲迷

◉

귀신이나 여우에 홀린 사람은, 다만 그 아리따움과 탐스러움만 보기 때문에 사랑하고 연모함으로 인해 그것들에게 희롱 당함을 알지 못한다. 정신을 빼앗기고 기운을 소모하여 죽어도 달게 여긴다. 뒤늦게 어쩌다 여우이거나 귀신임을 깨닫게 되면, 그 사람은 털이 서고 마음이 오싹해져서 비록 힘써 없애려고 하나 그럴 수가 없다.

지금 세상 사람은 멋과 색욕에 미혹하여 어리석게 그리워하고 잊지 못하여 몸을 잃어버린다. 기운을 상하고 재물을 소모함이 귀신이나 여우보다 심하다. 죽어도 뉘우치지 않는다. 귀신이나 여우에게 죽는 것과 무슨 차별이 있겠는가. 게다가 눈썹을 그리고 뺨에 분칠한 것이 귀신과 다를 바 없고, 교묘한 말과 아름다운 모양은 어찌 여우의 홀림과 다르겠는가. 또한 사람과 집의 재물을 소모하고 친족을 이간질하며, 정情을 뒤집고 사랑을 끊어

버리고 화장을 고치고서 다른 남자에게 안기는 생각과 마음은 귀신이나 여우보다 더 심하다. 그러한데 사람의 마음이 두루 미혹하고, 몸은 꿈에 빠져 있어서 죽음 또한 돌아보지 않는다. 다시 무엇을 헤아릴 것인가.

저 여색이 나를 유혹하는 것이 아니고 내가 스스로 미혹한 것이며, 경계가 나를 얽어매는 것이 아니고 내가 스스로 얽매이는 것이다. 늘 경우가 다르고 정情이 치우치는 곳에서 마음을 편안하게 하고 헤아려 생각하면 마음은 항상 자재自在하여 꿈의 경계에 들지 않으니, 저것들이 어찌 나를 어지럽히고 미혹하게 할 수 있겠는가.

◉

21

貴賤귀천

귀함과 천함

古有晝爲僕役 夜爲天子者 未知天子晝則夢僕役歟 僕役夜則夢天子歟 寤中人以我爲賤 夢中人以我爲貴 貴賤在人 而不在我 則貴賤於我 實如浮雲 晝夜於心 悉是幻境 賤何足憂 貴何足驕 世之以富貴自傲者 其酣夢未醒

◉

옛날에 낮에는 노비가 되고 밤에는 천자天子가 되는 사람이 있었다. 모를 일이다. 천자가 낮이면 노비의 꿈을 꾸는 것인가, 노비가 밤이면 천자의 꿈을 꾸는 것인가. 잠이 깼을 때는 사람들이 나를 천하다고 하고, 꿈 중에서는 사람들이 나를 귀하다고 한다.

귀하고 천함은 남에게 있지 나에게 있지 않다. 즉 나에게 귀하고 천함은 참으로 뜬구름과 같다. 낮과 밤은 마음에서는 다 허망한 경계이다. 천함이 어찌 족히 걱정할 일이며, 귀함이 어찌 족히 교만할 일인가. 세상에 부귀富貴로 스스로 거만한 자는 그 홍에 겨운 꿈을 깨지 못한다.

◉

22

自求자구

스스로 불러들임

人之以富貴爲美者 以其是可爲濟世利物之權 亦可爲養身悅意之資 今勞心危身 爭禍取辱 自救不給 奚暇濟世利物養身悅意也 割者適用無乏之謂 貴者身榮名尊之謂 祿足以裕用 位足以榮名 則安分順命 修善勤職 以此終老 貽謀可矣 旣割而無厭 一衣一飯之外 又何加焉 旣貴而求昇 一馬一車之外 又何多乎 因是而子驕女奢 福過灾生 爲身謀則不臧 爲後計則亦疎 忽爾命終 一靈離身 萬箱黃金 不我爲用 千般機心 盡是妄計 生前繁華 却成夢幻 死後罪業 剩得山積 都是自求 悔之無及.

◉

사람이 부귀富貴를 좋아하는 것은, 세상을 구제하고 만물을 이롭게 할 수 있는 권력이 있고, 몸을 부양하고 사욕私慾을 기쁘게 할 수 있는 재물이 있기 때문이다. 지금 마음을 힘들게 하고 몸을 위태롭게 하며 싸움으로 화를 부르고 쟁취함으로써 욕되게 하여 스스로를 구제하지 못한다. 어찌 세상을 구제하고 만물을 이롭게 하며, 몸을 부양하고 사욕을 기쁘게 할 겨를이 있겠는가.

부富라고 하는 것은 쓰임에 맞고 결핍이 없음을 일컫는다. 귀貴라는 것은 몸이 영화英華롭고 이름이 높아짐을 가리킨다. 녹봉이 넉넉하여 여유롭게 소비하고 지위가 높아서 이름을 드러낸다면 분수를 지키고 수명에 순응하고 선행을 닦고 직무에 힘써야 한다. 이것으로써 노년을 마치고 본보기를 보여야 옳을 것이다. 이미 부유함에도 만족하지 않으니, 한 벌의 옷과 한 그릇의 밥 외에 또 무엇을 더한단 말인가. 이미 귀한데도 더 올라가려 하니, 한 필의 말과 한 대의 수레 외에 또 무엇을 늘려야 하는가.

이로 인하여 아들은 교만하고 딸은 사치하며, 복이 가고 재앙이 생기니 자신을 위한 계책計策으로는 좋지 못하고, 후대를 위한 계책으로도 엉성하다. 목숨이 홀연히 다하여 혼이 한번 몸을 떠나면 일만 상자의 황금이 나에게는 쓸모가 없고, 일천 가지의 간교하게 속이고 책략을 꾸미는 마음이 다 허망하게 꾀함이다. 생전의 번창하고 화려함은 꿈과 환상이 되어 버리고, 죽은 뒤에 죄업은 산처럼 쌓인다. 모두 스스로 건진 것이니 뉘우쳐도 어쩔 수 없다.

◉

23

業命업명

업과 운명

善惡 業也 慶殃 命也 在人爲業 在天爲命 自修而不怨者 知業由自作 順受而不憂者 知命有已定 點檢夢事 一榮一辱 俱不自由 似乎有命 而一物一事 皆我心造 全夢世界 卽我一念 憬然有醒 始知古人不憂之義

◉

선과 악은 업業이고, 경사와 재앙은 명命이다. 사람에게 있는 것이 업이고, 하늘에 있는 것이 명이다. 스스로 수행하고 원망하지 않는 사람은 업이 자기가 스스로 지어서 오는 것임을 안다. 순응하고 받아들이며 근심하지 않는 사람은 명이 이미 정해져 있음을 안다. 꿈속의 일을 점검해 보니, 하나의 영광과 하나의 욕됨은 모두 내 마음대로 된 것이 아니니, 명이 있는 것 같다.

그러나 한 물건, 한 일도 다 내 마음이 만든 것이다. 모든 꿈속의 세계는 곧 나의 한 생각이다. 그렇다면 깨달음은 꿈에서 깨어남에 있다. 비로소 옛 사람들이 근심하지 않은 뜻을 알겠다.

◉

24

冬雉동치

겨울 꿩

冬雉膏澤 春鰣甘美 世以謂天地養物以供人 禽獸應時而爲膳 射獵網羅 恬以爲常 宰割烹煮 少無不忍 夫羣生之物 均是一性同胞天地皆稟理氣 雖以情識之殊 業力之化 各正性命品類不齊 然其愛生怕死之情同也 強者淩弱 巧者欺拙 鬬力而食 設機而取 是果天之所供物之自來乎 虎狼啖人之肉 蚊蚋嚼人之血 人之血肉 豈爲彼而養 應時而肥哉 羣物相噉互呑 則人心亦未免與物相爭之責矣 彼物之形 雖有大小 各有性命 而自愛自貴 知苦知痛 亦有母子之愛 牝牡之情 樂與追逐 哀相別離 今世一筵之上 幾痛湊集 雙筯之間 幾愛別離 殺其子而母腸寸斷 烹其雄而雌身投鼎 眄眄目視慘情有望 歷歷夢乞 靈性無隔 少無感悟 惟貪滋味 惻隱之仁烏有及物之義安在 噫 擧世之昏夢久矣

◉

겨울철의 꿩은 살찌고 기름지며, 봄철의 준치는 맛이 좋다. 세상 사람들은 천지가 만물을 길러 사람에게 베푼다 하여 짐승을 때에 따라 반찬으로 삼아, 쏘고 포획하며 그물로 낚으면서도 편하고 떳떳하다고 여긴다. 도살하고 베고 삶고 구우면서도 차마 하기 어렵다는 마음이 조금도 없다.

대체로 생물들의 잉태는 한 성질을 따른다. 같은 우주의 탄생 공간에서 모두 이기理氣를 받았다. 비록 마음 작용과 지혜가 다르고 업력의 다름으로써 성질과 목숨이 각기 다르고 종류가 같지 않기는 하지만, 살기를 바라고 죽기를 두려워하는 심정은 같다. 강한 자가 약한 자를 업신여기고, 교활한 자가 어리석은 자를 속이며, 힘으로 싸워서 집어삼키고, 기회를 도모하여 취하니 이것이 과연 하늘이 주는 것인가, 사람이 스스로 초래한 것인가.

범과 이리가 사람을 잡아먹고, 모기와 독충이 사람의 피를 빨아 먹는다. 사람의 피와 살이 어찌 저것들을 기르기 위한 때를 따라 살찌는 것이겠는가. 생물들이 서로 잡아먹는다면 사람 또한 미물들과 서로 싸운다는 책망을 면치 못할 것이다.

저 생물의 형태가 비록 크고 작으며 각각의 성질과 수명이 다르나, 스스로 사랑하고 귀하다고 여기고 괴로움을 알고 아픔을 안다. 또한 어미와 새끼의 애정이 있고 암수의 정이 있다. 함께하면 좋아하고, 내쫓으면 뒤쫓으며 헤어짐을 서로 슬퍼한다.

지금 세상의 잔칫상 위에는 몇 개의 고통이 와서 모이고, 젓가락 사이에는 몇 개의 사랑이 이별하는가. 그 새끼를 죽이면 어미의 장이 마디마디 끊어지고, 수컷을 삶으면 암컷이 솥에 몸을 던진다. 눈을 굴리면서 애절한 눈빛을 보이고 참혹한 심정으로 살기를 바라며, 역력히 꿈에 나타나서 빌고, 영성靈性이 막히지 않았건만, 인간은 느끼고 깨닫는 바가 조금도 없이 오직 맛있는 음식 맛을 탐한다. 딱하고 가엽게 여기는 인자함이 어디 있는가. 미물과 함께하는 선량함이 어디에 있는가. 아아! 온 세상의 어리석은 꿈이 변함없구나.

◉

25

觀身관신

몸을 관찰함

世人自貴而賤他 自愛而蔑他 自奉一生 害物幾命 苟能自知吾身亦一物 則不敢害他物而養吾物 知物之各愛其身 亦猶吾之自愛其身 則不忍奪他 愛而悅吾愛 夫嗟來之食 君子恥之 不與而取 貪夫惡之 況欺物掩取 全奪其身 奚啻一嗟之比 豈其甘心而許哉 彼物雖不能言 而必將視人甚於强盜 畏人過於猛虎 夫自視吾身 卽一血肉之帒 腥臊之囊 飢渴寒暑之累 生老病死之苦 如督宿債 若荷重擔 牽引相尋 不得自在 然而朝聞甲病 夕見乙死 次第殂落 無一久者 一息不來 是一塊冷肉 頃刻腐爛 有何別於物而可貴可愛者耶 泡漚幻形 歷旅夢身 隨分攝養 俾勿傷害而已 知身亦物 而知物非眞 則無賤他蔑他之心 損人害物之事 公平坦率 與物優游

◉

세상 사람들은 자신은 귀하게 여기고 남은 천하게 여긴다. 자신은 사랑하고 남은 업신여긴다. 자신의 일생을 받들기 위해 남을 해치고 목숨을 위태롭게 한다. 진실로 나의 몸도 한낱 생물에 불과함을 능히 안다면, 함부로 남을 해치고 자신의 몸만 위하지는 않을 것이다. 각자 자신의 몸을 사랑하는 것은 또한 내가 스스로 내 몸을 사랑하는 것과 같음을 안다면, 남이 사랑하는 것을 빼앗고서 차마 기뻐하진 못할 것이다. 푸대접하며 나오는 음식은 군자君子도 부끄럽게 여긴다. 주지 않는데도 받으려 하는 것은 탐욕스런 자도 싫어한다. 하물며 업신여기고 엄습掩襲해서 차지하고 완전히 그 몸을 빼앗는다면 어찌 단지 한 번의 푸대접에 견줄 수 있겠는가. 어찌 책망을 달게 여기는 마음으로 그것에 가담할 수가 있겠는가. 그 생물이 비록 말을 할 수 없을지라도 장차 반드시 사람을 강도보다 심하다고 여길 것이다. 사람을 사나운 범보다 더 두려워할 것이다.

스스로 자신의 몸을 살펴보면 피와 살이 든 하나의 포대이고 비린내와 누린내가 나는 주머니로다. 굶주리고 목마르고 춥고

더운 번거로움과 생로병사의 괴로움이 묵은 빚의 독촉과 같고, 무거운 짐을 짊어진 것과 같으며, 메이고 다투고 가리고 뒤지면서 자유로울 수가 없다. 그러다가 아침에 갑이 병들었다는 말을 듣고 저녁에 을의 죽음을 본다. 차례로 쓸쓸히 죽어가니 오래 머무는 이가 하나도 없다. 숨 한 번 돌아오지 않으면 한 덩어리의 싸늘한 고기일 뿐이다. 금방 심하게 썩어서 문드러진다. 무엇이 다른 생물보다 특별해서 그것을 귀하다 하고 사랑한다고 할 수 있겠는가. 거품 같은 미혹한 꼴이고, 지나가는 나그네요, 꿈속의 자신이다.

자신의 본분에 상응하며, 심신을 편안히 하여 장해障害되지 않게 할 따름이다. 자신이 또한 생물임을 알고, 생물이 진실상眞實相이 아님을 알면 남을 경멸하고 업신여기는 마음과 헐뜯고 생명을 해치는 일은 없을 것이니, 공정하고 너그러우며 대범하여 중생들과 편안하게 잘 지낼 것이다.

◉

26

觀心관심

마음을 관찰함

觀身無我 則以心爲我乎 世所謂我者 以何爲心 身體之所嗜好 意思之所計度 豈不曰我心乎 淫貪之鄙陋 喜怒之偏僻 亦豈不曰我心乎 邪心萌動 正心制之 惡心做錯 善心悔之 亦豈不曰我心乎 一人之心 如此多樣 何心是我 何心非我 若云此是我 彼非我 老而悔一生之非者 失其一生之所以爲我矣 今日之悔者 是我乎 後日又安知不爲 非我也 是我非我 尙且混亂 果孰是眞 若夫心空境泯 而諸心了不可得 則向所謂是我非我者 俱是夢心

◉

몸을 살펴보아 내가 없다면 마음으로써 나라고 할 것인가. 소위 나라고 하는 것을 어째서 마음이라고 하는가. 몸을 즐겁게 하려고 계산하고 헤아림을 어찌 나의 마음이라고 말하지 않을 수 있겠는가. 음란함과 탐욕의 더럽고 지저분함, 즐거움과 노여움이라는 마음의 치우침은 또한 어찌 나의 마음이라고 말하지 않을 수 있겠는가. 사악한 마음이 싹트고 움직일 때 바른 마음이 그것을 억제한다. 악한 마음이 저지른 실수를 착한 마음이 알고 뉘우친다. 이 또한 어찌 나의 마음이라고 말하지 않을 수 있겠는가.

한 사람의 마음이 이 같이 종류가 많은데, 어느 마음이 나이고 어느 마음이 내가 아닌가. 만약 이것은 나이고 저것은 내가 아니라고 말한다면, 늙어서 일생의 잘못을 뉘우치는 사람은 일생 동안의 나라고 하는 바를 잃는 것인가. 지금 후회하는 사람이 나인가. 미래에는 내가 아님이 되지는 않을지 또 어찌 알겠는가. 이것은 나다, 내가 아니다 함이 오히려 혼란스러우니, 과연 누가 진짜 나인가. 만약 마음의 허공 같이 텅 빈 경계가 다하여 모든 마음을 마침내 얻을 수 없다면 더욱이 이것이 '나다', '나 아니다'라고 함은 다 꿈속의 마음인 것이다.

◉

27

胡蝶호접

나비

古人夢爲蝴蝶 栩栩然飛 醒則蘧蘧然人 因疑人夢化蝶歟 蝶夢化人歟 其果不知孰是夢孰是覺耶 人而夢蝶 則蝶是人夢中物 蝶而夢人 則人是蝶夢中物 卽人與蝶 同一夢幻 何必分其 誰夢誰眞 其中自有不夢者存 而未嘗人未嘗蝶

◉

옛 사람이 꿈에서 나비가 되어 기뻐서 황홀하게 날아다니다 꿈을 깨니 놀랍게도 사람이었다. 이러한 이유로 사람이 꿈에 나비로 변한 것인가, 나비가 꿈에 사람으로 변한 것인가. 과연 어느 것이 꿈이고 어느 것이 깬 것인지 알 수가 없다.

사람이 나비 꿈을 꾸면 나비는 사람의 꿈속 대상이고, 나비가 사람 꿈을 꾸면 사람은 나비의 꿈속 대상이다. 즉 인간과 나비는 동일한 꿈속의 환상인 것이다. 어찌 무엇이 꿈이고 무엇이 진실인지 나눌 필요가 있겠는가. 그 가운데 스스로 꿈 아닌 것이 있음은, 일찍이 사람도 아니고 나비도 아닌 것으로 존재한다.

◉

28

開眼개안

눈을 뜸

世人以合眼爲夢 而不知開眼有夢 夫念念起滅 萬相出沒 或憶久遠事 或超邪正想 遠近久暫 眞妄善惡 如影照水 若虛若實 似忘似憶 非用意而在意中 非實念而在念中 或乍生卽滅 或誘引牽連 此可謂念念之夢 寐而夢寤而亦夢 則一生全是夢

◉

세상 사람들은 눈을 감고서 꿈을 꾼다고 하나, 눈을 뜨고서 꾸는 꿈이 있음을 알지 못한다. 생각이 시시각각 일어나고 없어지고 오만 가지 모습들이 나타나고 사라진다. 어떤 경우에는 오래되고 먼 일이라 생각되고, 어떤 경우에는 삿되거나 바른 생각이 일어난다. 멀고 가까움, 오래됨과 잠깐의 시간, 진실과 허망함, 선과 악이 물에 비친 그림자 같다. 없는 것 같기도 하고 있는 것 같기도 하며, 잊은 것 같기도 하고 기억나기도 한 것 같다.

생각은 부릴 수 없으나 생각 가운데 있고, 생각은 참 모습이 아니나 생각 가운데 존재한다. 혹은 잠시 생겼다가 곧 멸하고, 혹은 유혹하고 끌어들이고 매이고 이어진다. 이로써 생각들이 꿈이라 할 수 있다. 자면서 꿈을 꾸고 잠 깨고서도 역시 꿈을 꾸니, 한평생이 모두 꿈인 것이다.

◉

29

認眞인진

진실을 인식함

小兒夢中怒 而覺猶怒 夢中得而覺猶覓 是不知虛幻 而惟認爲眞也 所謂得失喜怒 原非性中本有 則其虛其實 都是幻相 惟大人知皆虛幻故 寤中得失喜怒 亦不認眞

◉

어린아이가 꿈속에서 성을 내면 깨어서도 오히려 성을 낸다. 꿈속에서 얻으면 깨어서도 도리어 찾는다. 헛된 망상임을 알지 못하고 오직 사실이라고 여기기 때문이다. '얻었다', '잃었다', '기쁘다', '성나다'라고 하는 것은 마음속에 본래 있는 것이 아니다. 즉 그러한 허虛와 실實은 모두 환상이다. 오직 대인만이 다 헛된 환상이라는 것을 안다. 그렇기 때문에 잠에서 깨어 있을 때의 얻음, 잃음, 기쁨, 성냄 또한 진실한 것이라고 인식하지 않는다.

◉

30

蠶繭잠견

누에고치

蠶繭旣成而身化 芨菓纔熟而蔕落 功成身退 物之理也 先進制禮 後世循蹈 父兄刱業 子孫享用 秦皇築城 隋煬鑿河 非不爲後人利 而自己得惡名積罪殃 假使二君 早知其不爲我有惟當循天理 順人情 積福德 遺子孫譬如夢中開拓 覺則歸虛 智者知皆虛僞故 處事以義 應物以慈

◉

누에는 고치를 완성하면 번데기가 되고, 참외가 익으면 꼭지가 떨어진다. 업적을 이루면 몸이 물러남은 만물의 이치이다. 선조가 체재를 만들면 후세가 뒤를 따르고, 부모로부터 비롯된 업적을 자손들이 쓰고 누린다. 진시황이 만리장성을 쌓고 수 양제가 운하를 뚫으니 후대가 이익 되지 않음이 없으나, 자신은 악명을 얻고 죄와 재앙을 쌓았다.

가령 그 두 임금으로 하여금 그것이 나를 위해 존재하지 않는다는 것을 빨리 알게 하였더라면 하늘의 이치를 따르고 인정人情에 순응하여 복과 덕을 쌓아서 자손에게 남겼을 것이다. 비유컨대 꿈속에서 개척開拓한 것이 깬 즉시 헛됨으로 돌아감과 같은 것이다. 지혜 있는 자는 다 거짓되고 허망한 것임을 알기 때문에 의義로써 일을 처리하고 자비로써 만물을 대한다.

◉

31

聚散취산

모임과 흩어짐

夢中婚媾 新情未洽 東方既白 夢境已壞 世人室內有妻 膝下有子 與我同長久者 能幾人病臥枕上 命如懸絲 少妻穉子 環繞涕泣 邂逅無幾 養育未成 生者之情如割 逝者之意缺然 乃至一息不續 魂靈離殼 如出繭之蛾 境界變易 似醒夢之眼 始知因緣聚散 悉如夢幻 復何憂焉

◉

꿈속에서 결혼하여 새로운 정情이 아직 흡족하지 못하였을 때 날이 이미 밝아오면 꿈속의 광경은 무너진다. 세상 사람은 집에 아내가 있고 슬하에 자식이 있다. 나와 더불어 장구한 세월을 함께할 수 있는 사람이 과연 몇 명인가. 병들어 누워 목숨이 위태로우면 젊은 아내와 어린 자식은 둘러앉아 눈물을 흘리며 운다. 남편과 아내가 우연히 만난 지 얼마 안 되어 자식의 양육이 아직 완성되지 않았고, 산 사람의 심정은 칼로 베는 것 같고, 죽는 사람의 마음은 서운하다. 곧 숨이 끊어져 혼령魂靈이 몸을 떠남은 마치 나방이 고치를 버림과 같다.

경계가 변하여 바뀌면 꿈에서 깬 눈처럼 비로소 인연이 모이고 흩어짐을 알게 된다. 다 꿈과 같은데, 다시 무엇을 근심할 것인가.

◉

32

名實명실

소문과 실상

獲重寶者 秘藏韜迹 惟恐人知 是得寶爲實 得名爲虛 得實物而恐虛名 則可知其名 無補於福 而足以召禍 有實之名 且不可眩 無實之名 不禍而何 假使夢得三公位 不如寤後一杯酒 以其實事雖小可貴 虛名雖大 爲賤

◉

귀중한 보물을 얻은 사람은 비밀리에 숨겨두고 행적을 감춘다. 사람들이 알까 봐 오로지 두려워한다. 보물을 얻은 것은 사실이나 소문은 아직 퍼지지도 않았는데, 실물은 만족해하면서도 소문이 날까 걱정한다. 곧 그 소문이 복을 보태지 않고 화를 초래하여 더하여진다고 여긴다. 실제로 존재하는 소문에 현혹되어서는 안 되는데, 하물며 실제로 없는 소문이 어찌하여 화를 입히겠는가. 가령 꿈에 삼정승(三公)의 지위를 얻음은 꿈에서 깬 뒤의 한 잔 술만 못하다. 실제 있는 일은 비록 작지만 귀하게 여길 만한 가치가 있고, 헛된 소문은 비록 클지라도 천하다.

◉

33

退隱퇴은

물러나 은거함

名位者 非我固有 官爵者 非我私物 立名設位 資任才德 以行政令 功成則退 名遂則隱 天之序也 如或逗留 災害隨至 是故過去如昨夢 現在如棚戲 愚者矜功固寵 不思弓藏之誡 旋遭狗烹之禍 悔之何及

◉

훌륭한 지위는 본래 내가 가지고 있는 것이 아니다. 벼슬자리는 나의 사적인 것이 아니다. 이름을 날리고 지위에 올라, 재주와 덕을 갖춘 사람을 임명하여 쓰고 명령을 내리고 정치를 하면서, 공을 이룬 뒤 물러나며 평판을 이루고 은거隱居함은 자연의 순리이다. 만일 지체하여 오랫동안 머물러 있으면 재앙이 따른다.

그러므로 과거는 어젯밤 꿈과 같고, 현재는 가면극과 같다. 어리석은 자는 공을 자랑하며 공고히 하고 교만하여, 새를 잡고 나면 활을 창고에 넣는 이치를 생각하지 않다가, 토끼를 잡으면 사냥개를 삶아 죽여 버리는 화를 갑자기 당한다. 후회한들 어찌하겠는가.

◉

34

無恤무휼

근심하지 않음

或曰愛妻子 好貨財 常情所切 老病濱死者 分別無已 囑託忉怛 一縷氣絶 寥然無迹 死若有知 多應托夢 預諭禍福 而絶無所聞 豈生死有異歟 抑泯然無存歟 曰夢中 亦能愛妻子好貨財 覺則無恤焉 生爲死者之夢 復何眷戀之有

◉

어떤 이가 묻는다. "처자를 사랑하고 재물을 좋아함은 늘 마음에 간절한 것이다. 늙고 병들어 죽음에 임박한 사람도 분별함이 그침이 없다. 일을 부탁해서 맡기고 근심하고 슬퍼한다. 한 가닥의 숨이 끊어지면 잠잠한 듯 자취가 없다. 죽어서 만약 아는 것이 있다면 아마도 꿈에 의지하여 미리 화복禍福을 알릴 것이다. 그러나 들은 바가 결코 없다. 일찍이 삶과 죽음에 다름이 있는 것인가, 문득 다하여 없어져서 존재하지 않는 것인가."

답한다. "꿈속에 또한 능히 처자를 사랑하고 재물을 좋아하나, 꿈에서 깨면 근심하지 않는다. 삶은 죽은 자의 꿈이다. 어찌 다시 간절하게 생각하고 그리워함이 있겠는가."

◉

35

托宿탁숙

의지하여 머무름

世之學者 以分別爲智慧 以是非爲義理 劬劬終身 無一透出者 殊不知是 乃學問上暫一托宿之所 非眞休歇之地 何以明之 夢中分別 井井有條 旣覺其夢 則分別無所用矣 局上是非 歷歷有據 旣掇其局 則是非自然息矣

◉

세상의 학자들은 분별함을 지혜라 하고, 옳고 그름을 따짐을 사람으로서 행해야 할 정당한 도리라 생각한다. 이들은 죽을 때까지 애를 쓰나 뛰어나게 꿰뚫어보는 게 하나도 없다. 이 또한 학문의 표면에 잠시 한번 의지해서 머무는 정도이고, 진실로 훌륭하게 머물 곳이 아님을 좀처럼 알지 못한다.

무엇으로써 그것을 증명하는가. 꿈속에서 조리정연하게 분별하나, 이윽고 그 꿈을 깨고 나면 분별은 소용이 없다. 장기판 위의 옳고 그름은 역력하게 근거가 있으나, 이윽고 그 판이 끝나면 옳고 그름은 자연스레 그친다.

◉

36

悟空오공

공함을 깨달음

內典云 始成正覺 山河大地 一時銷隕 譬如夢中 亦有山河人物 耽着繫戀 宛然爲實 忽然醒覺 卽時銷隕 耽着繫戀之想 已空於心 山河人物之像 亦空於眼 出夢之覺且然 況出世正覺哉

◉

경전에서 말하길, "비로소 정각을 이루면 강산과 대지大地가 일시에 떨어져 소멸된다."라고 한다. 꿈에 비유하자면, 역시 꿈에서도 자연과 인간과 만물이 있는데, 탐닉하고 사랑에 매달림이 눈에 보이는 것처럼 아주 뚜렷하게 실제와 같다. 그러나 홀연히 잠에서 깨면 즉시 떨어져 소멸된다. 탐닉하고 사랑에 매달리는 생각은 이미 마음에서 없어진다. 자연, 인간, 생물들의 모습이 모두 눈에서 사라진다. 꿈을 벗어난 깸이 그러하다. 하물며 출세간의 깨달음에랴.

◉

37

戎蠻융만

오랑캐

生於戎狄者所好 無非戎狄之風 產於蠻夷者所習 盡是蠻夷之俗 蠻女嫁戎 而意移態染 則情識可變 戎人適蠻 而夙性猶存 則習難卒革 夢中所見不同 寤時識之幻化 朝夕難保 夢中所行無異 寤時習之薰染 生死猶存故 學者貴乎 轉識爲智 革習成德 所謂敎化者 將欲敎而化之 苟無所化 敎何足貴

◉

융적戎狄에서 난 자는 좋아하는 것이 융적의 풍습이 아닌 것이 없고, 만이蠻夷에서 태어난 자는 배운 것이 모두 만이의 풍속이다. 만이의 여자가 융적의 남자에게 시집가서 마음이 변하고 몸가짐이 영향을 받으면 정식情識이 변할 수 있지만, 융적의 여자가 만이의 남자에게 시집갔으나 어릴 적 성품이 그대로 존재하면 배움이 어렵고 별안간 늙는다.

꿈속에서 본 것은 깼을 때와 같지 않고, 식견의 환상과 같은 변화는 아침저녁을 유지하기 어렵지만, 꿈속에서 하는 행동은 깼을 때와 다르지 않다. 습관의 물듦은 죽고 사는 가운데 그대로 존재한다. 그렇기 때문에 배우는 사람은 지식을 터득하여 지혜를 얻고 습관을 고쳐 덕을 이루는 것이 중요하다. 이른바 교화教化라는 것은 가르쳐서 장차 변화시키는 것이다. 참으로 변하는 것이 없다면 가르침이 어찌 족히 중요하다 하겠는가.

◉

38

愚醉우취

어리석음과 취함

世之聰明者 見愚且嗜酒者 輒曰 可惜 醉生夢死 虛度一世 殊不知自量 何如其能不醉於財色名氣富貴文藝歟 心本淸淨 不存一物 或有多少世法 留在思念中 使其本體 不得自在者 皆醉流也 彼愚醉者 無別思想 大罪愆矣 聰明而好事者 煩惱戕其性 穿鑿失其眞 寧不若愚醉而虛送一生 吁聰明才慧者 可不猛省

◉

세상의 총명한 사람은, 어리석거나 술을 즐기는 사람을 보면, "가히 애석하다. 술에 취한 듯 살다가 꿈을 꾸듯이 죽으니 한 세상을 헛되이 떠나보내는구나."라고 대수롭지 않게 말하면서도, 자신의 역량은 전혀 알지 못한다. 그들은 재물, 여색, 훌륭한 기백, 부귀, 학문 그리고 예술에 취하지 않았던가.

마음은 본래 청정하여 어떠한 것도 존재하지 않는다. 혹 많고 적은 속세의 법이 분별하는 마음속에 머물러 있어, 그 본체로 하여금 자재自在할 수 없게 하는 자는 다 탐닉하는 무리들이다. 저 어리석고 술 취한 사람들은 달리 사상을 분별하는 큰 죄의 허물은 없다. 총명하고 세상일을 좋아하는 사람은 번뇌가 그 본성을 손상시키고, 학문을 깊이 연구함은 그 참된 본성을 잃게 한다. 차라리 어리석고 술에 취해 일생을 헛되이 보내는 것만 못하다. 아! 총명하고 재능 있고 지혜로운 자는 깊이 반성하지 않을 수 있으랴.

◉

39

花鳥화조

꽃과 새

春入園林 百花爭姸 羣鳥和鳴 見之可愛 聽之無厭 光景幾何 不過百日而成空 夫聰明才慧 超羣鳴世者 或胸藏萬卷 名震一區 氣槩幾何 不過百年而成夢 名揚於夢中 鬼眠於泉下 一生苦心者 爲何將欲爲人歟 把影與人 何益於人將欲爲己歟 虛名沒實 何補於己自爲則耗精損神 傳人則彫道喪德 噫 寧不若花鳥之無關於消長

◉

봄이 동산과 숲에 찾아오니 백 가지 꽃들이 아름다움을 다투고 새들이 소리를 합하여 운다. 그것을 보니 사랑스럽고, 소리를 들으니 싫지가 않다. 그러나 그 광경이 얼마나 가겠는가. 백 일이 지나지 않아 없어진다.

무릇 총명함과 재주와 지혜가 무리를 초월하여 세상에 이름을 날리는 자가, 혹 가슴 속에 만 권의 책을 품고 이름은 한 지역에서 위세를 떨친들 그 기운과 풍채가 얼마나 가겠는가. 백 년이 지나지 않아 꿈이 될 것이다.

이름은 꿈속에서 드날리고 혼은 저승에서 잠드니, 일생 동안 고심한 것이 무엇을 위함인가. 장차 남을 위하려 함이었는가. 환상을 잡아서 남에게 준들 무엇이 그들에게 이익이 되겠는가. 장차 자신을 위하려 함이었는가. 이름이 헛되고 참됨이 없으니 무엇이 자기에게 보탬이 되겠는가. 자신을 위한다고 하면서 정력을 소모하고 마음을 해치고, 남에게 전한다고 하면서 도道를 시들게 하고 덕을 잃어버린다. 아! 차라리 꽃과 새들이 자라고 번성하여 쇠퇴하고 사라짐만 못하구나.

◉

40

因緣

인연

諺云 存於心者 發於醉中 存於情者 見於夢中 夢雖虛幻 亦必有因而成 況人生榮瘁 豈無其因 古語云 欲知前世因 今生受者是 欲知來世緣 今生作者是 以人事觀之 乘運得勢 妄作威福 頤指氣使 莫敢仇怨 及其運移勢去 夙憾舊債 乘時湊集 世人但知其時勢翻覆人情炎凉 不思其所由來遠矣 苟能思到 何怨何尤

◉

속담에 “마음에 있는 것은 취중醉中에 드러나고, 욕망에 품고 있는 것은 꿈에서 나타난다.”고 한다. 꿈이 비록 텅 빈 환상이라고 하나 또한 반드시 원인이 있어서 이루어진다. 하물며 인생의 번영과 쇠퇴함에 어찌 원인이 없겠는가. 그렇기 때문에 “전생의 인연을 알고자 한다면 금생에 받는 것이 그것이다. 내세의 인연을 알고자 한다면 금생에 짓는 것이 그것이다.”라고 하였다.

세상일에서 그것을 관찰해 보면, 사람이 운을 타고 위세를 얻으면 복과 권세를 함부로 부린다. 턱으로 가리켜 시키고 기세를 부려도 감히 원망하지 못한다. 그 운이 바뀌고 위세가 가버리면 오랜 원한과 빚이 때를 틈타 모여든다. 세상 사람들은 단지 그때의 위세의 변화만을 알고 마음이 끓고 식으니, 그 유래하는 바가 멀다는 것은 생각하지 않는다. 진실로 생각이 능히 이에 미친다면 무엇을 원망하고 무엇을 탓할 것인가.

◉

41

攫金확금

금을 빼앗음

遇美艶動淫念者 夢見必抱 覩金帛生貪心者 夢見必搶 是何故 形雖不敢 而心已犯 古者白晝市上 有盜攫金 爲吏所擒 而詰之曰 眼前但見其金 不覺有人 夫慾火熾然 如烟障空 心醉眼昏 不覺至此 噫 人之犯不義 行不忍者 始豈無人心 惡念一起 着甚情專 習久意變 漸至無恥 不顧身名 事情轉大 勢急心忙 遂至爲禽獸而甘心 播惡當時 遺臭後世 豈直白晝攫金而已 一灼之火 能燒太山之木 一念之惡 能成滔天之罪 履霜堅氷 可不懼哉

◉

아름답고 고운 여인을 만나면 음탕한 마음을 일으키는 자는, 꿈에서 보면 반드시 껴안고, 황금과 비단을 보면 탐하는 마음이 생기는 자는, 꿈에서 보면 반드시 빼앗는다. 이것은 무슨 까닭인가. 몸은 비록 감행하지 못하였으나 마음은 이미 범하고 있기 때문이다. 옛날 어떤 사람이 대낮에 시장에서 황금을 빼앗아 훔쳐서 관리에게 잡혔다. 꾸짖어 물으니 대답하길, "눈앞에 다만 그 황금이 보였고 사람이 있는 줄은 몰랐습니다."라고 하였다. 대체로 욕심이 불같이 타오르면, 연기가 허공을 막듯이 마음이 쏠리고 눈이 흐려져 이에 이른 것을 깨닫지 못한다.

아! 사람이 불의不義를 범하고 차마 하기 어려운 짓을 하는 것은, 처음에는 어찌 사람의 마음이 없었겠는가. 악한 마음이 한 번 일어나면 집착이 심해지고 욕망이 제멋대로가 된다. 버릇이 오래되면 생각이 변하고 점점 부끄러움을 모르게 되어 자신의 평판을 돌아보지 않는다. 사정이 크게 바뀌면 권세가 줄고 마음이 초조해져서 마침내 짐승 같은 행동을 하면서도 괜찮다고 생각한다. 그때 악을 퍼뜨리고 후세에 추악함을 남긴다. 어찌 단지 대낮에 금을 빼앗는 것뿐이겠는가. 작은 불씨가 큰 산의 나무들을 능히 불태워버리고, 하나의 악한 생각은 능히 죄를 널리 퍼뜨린다. 서리를 밟으면 얼음으로 굳어지니, 가히 두렵지 않은가.

◉

42

燕客연객

연나라 나그네

夢中或遭眷屬之喪 悲感不已 或得文章之名 知解通達 覺而求悲情不可得 求學識無所存 夫何故情識幻化者也 昔燕人 幼年離鄕長養於楚 後遇燕客 偕與歸 旣入燕境 見山遇水 無不悲感 客慮其過傷 給指一塚曰 是子父母 投身拜伏 號慟殞絶 客曰子其起矣 向吾乘醉 謬認此處 幸勿爲咍 其子憮然收淚 復指一塚曰 是眞爾親其子逡巡四顧 一哭而止 再拜而興 夫物非能累我 我所自累 境非能縛我 我所自縛

◉

꿈속에서 권속의 상을 당하면 슬픔이 그치지 않으며, 학문이나 기예技藝에 명성을 얻고 지식과 연구에 통달한다. 그러나 깨고 나면 슬픔을 구해도 그 감정을 얻을 수 없고, 학식을 구해도 존재하는 바가 없다. 무엇 때문인가. 정식情識은 환상이며 변하는 것이기 때문이다.

옛날 연燕나라 사람이 어릴 때 고향을 떠나 초楚나라에서 자랐다. 후에 연나라의 나그네를 만나 함께 돌아가게 되었다. 연나라 국경에 들어서서 산을 보고 물을 만나니 슬프게 느껴지지 않는 것이 없었다. 나그네는 그의 지나치게 상심함을 헤아리고는 한 무덤을 가리키며 "이것이 당신 부모의 무덤이요."라고 하였다. 그는 몸소 무덤으로 가서 엎드려 절하고 서럽게 울다 기절하였다. 나그네가 말하길, "그대여, 일어나시오. 내가 술에 취해 이곳을 잘못 알았소. 죄가 되지 않길 바라오."라고 하였다. 그 남자는 크게 낙심하여 허탈해하며 눈물을 거두었다. 다시 한 무덤을 가리키며 말하기를, "이곳이 진짜 당신 친부모의 무덤이요."라고 하자, 그 남자는 뒤로 멈칫 물러나며 사방을 둘러보고는, 한 차례 곡을 하고 멈추고서 두 번 절하고 일어났다.

대체로 객체가 나에게 누를 끼치는 것이 아니라 내가 스스로 폐를 끼치는 것이고, 환경이 나를 속박하는 것이 아니고 내가 스스로를 속박하는 것이다.

◉

43

啼笑제소

울고 웃음

夢中忽啼忽笑 人以謂夢境易幻 蓋夢之啼笑 亦因悲歡 則夢之易幻 由於情識之靡常 奚特於夢爲然而已 昔衞君有嬖臣 食桃以其餘獻君曰 彼眞愛我 一果之味且不忘 我夜聞母病 開宮門騎廐馬而出 君曰彼眞孝子 不顧死罪 其後愛弛 而左右日短之 君曰吾知其惡久矣 彼以食餘 進於寡人 是心無君也 夜開宮門 竊騎廐馬 是心無法也 噫 昔之愛也 事事可愛 今之惡也 事事皆惡 世人之是非孰能定之

◉

꿈속에서 홀연히 울기도 하고 웃기도 한다. 사람은 꿈의 모습이 쉽게 변한다고 생각한다. 대개 꿈에서 울고 웃는 것 또한 슬픔과 기쁨으로 인한 것이다. 즉 꿈이 쉽게 변하는 것은 정식情識이 변하기 때문이다. 어찌 특별히 꿈에서만 그러할 뿐이겠는가.

옛날 위나라 임금에게 총애하는 신하가 있었다. 복숭아를 먹고서 그 남은 것을 임금에게 올리니 임금이 말하길, "저 사람이 진정 나를 소중히 여기는구나. 한 과일의 맛에 또한 나를 잊지 않는구나."라고 하였다. 신하가 밤에 어머니의 병환 소식을 듣고 궁궐 문을 열고서 마구간의 말을 타고 나갔다. 임금이 말하길, "그는 참으로 효자구나. 사형에 처할 죄를 돌아보지 않으니." 라고 하였다. 그 후 총애가 약해지고 좌우에서 매일 그를 헐뜯기 시작하였다. 임금이 말하길, "내가 저 사람의 악함을 안 지가 오래되었도다. 자기가 먹고 남은 것을 과인에게 올리니, 이 마음은 임금을 무시하는 것이다. 밤에 궁의 문을 열고 마구간의 말을 훔쳐서 탔으니, 이는 법을 무시하는 마음이다."라고 하였다.

아! 앞서는 사랑하여 모든 일들을 좋아할 수 있었으나, 지금은 미워하여 모든 일들이 다 싫으니, 세상 사람들의 옳고 그름을 누가 능히 정할 수 있겠는가.

◉

44

蠅蜂승봉

파리와 벌

蒼蠅聞香腥 而或東或西 黃蜂見紅紫 而忽去忽來 人以謂微物薄行 世人夢中 胡然在東 倏爾在西 見可樂而喜笑 見可憂而悲啼 意隨境轉 心從事變 人以謂夢幻無常 所謂聰明知識之人 朝笑於東暮怒於西 俄從乎張 今趍乎李 因勢進退 見利向背 不啻如蠅蜂 不寧如夢幻 世之不是夢者幾人

◉

파리가 향기로운 냄새나 비린내를 맡으면 동東으로 혹은 서西로 날아다닌다. 꿀벌은 붉거나 자줏빛 꽃을 보면 느닷없이 왔다 갔다 한다. 사람들은 이를 미물의 천박한 행동이라고 일컫는다.

세상 사람들의 꿈속에도 동쪽이 있고 문득 서쪽도 있는데, 어째서 그러한가. 즐거운 것을 보고 기뻐서 웃고, 걱정스러운 것을 보고 슬피 운다. 생각은 경계를 따라 마음에 전해지고, 마음은 일에 따라 변한다. 사람은 꿈과 환상이 덧없다고 한다. 소위 총명하고 지식 있는 사람이 아침에 동에서 웃고, 해질 무렵 서에서 화낸다. 아까는 장 씨를 따르고, 지금은 이 씨를 뒤쫓는다. 권세를 보고 다가오고 물러서며, 이익을 생각하고서 대하고 등진다.

쇠파리와 벌만 못하고 꿈과 환상만도 못하다. 세상에서 꿈속에 있지 않은 사람이 과연 몇 사람이겠는가.

◉

45

化速화속

변화의 빠름

人之呼吸 一日一萬三千五百息 一息之間 日行四十萬里 大化之速如此 人住其間 亦可暇焉 是以無日不長 於焉成壯 無日不衰 於焉到老 除其老幼 光景無多 疾病憂苦 或居太半富貴則牽纏於事務 貧窮則窘迫於飢寒 意常忙忙 與日俱往 實無一日之自在 而思慮計度 煩惱於中 更無一念之自在 如此一生 於焉而死 則習氣未泯 殆如夢境 如是轉展 倏經多劫 生前聰明 猶不能覺 死後迷魂復何望焉 爲牛爲驢 且不可知 能慧能悟 其可期哉 古人云 此身不向今生度 更待何生度此身 其旨至切 而世人俱在夢中 無一回頭者 可哀也夫

◉

사람의 호흡은 하루에 일만 삼천오백 번 한다. 한 호흡 사이에 해가 사십만 리를 간다. 큰 변화의 빠름은 이와 같다. 사람이 그 사이에 머무니 또한 무슨 겨를이 있겠는가.

이 때문에 성장하지 않는 날이 없어서 어느새 장성壯盛하게 된다. 쇠퇴하지 않는 날이 없어서 어느새 노년에 이른다. 그 늙은 때와 어린 때를 제외하면 세월이 많지 않다. 어리석음과 질병과 근심과 고통이 또한 절반 넘게 차지한다. 부귀를 누리면 사무事務에 얽매이게 되고, 빈궁하면 추위와 굶주림에 괴롭고 다급해진다. 마음이 늘 바쁘고 바빠, 해(日)와 함께 가서 실로 속박이나 장애가 없는 날이 하루도 없다. 또한 생각하고 근심하며 계산하고 헤아려서 마음에 번뇌가 있다. 일념一念의 자재自在함이 더욱 없어진다. 이 같은 일생으로 어느새 죽게 되면 습관의 힘이 없어지지 않으니, 거의 꿈속의 경계와 함께한다.

이와 같이 굴러가서 짧은 시간에 많은 겁劫이 지나가면 생전의 총명함으로도 오히려 깨닫지 못한다. 죽은 뒤의 미혹한 넋에게 다시 무엇을 기대할 것인가. 소가 되고 나귀가 될지 또한 알 수 없다. 능히 지혜와 깨달음을 어찌 기약할 수 있겠는가.

옛 사람이 이르되, "이 몸이 금생에 깨달음으로 나아가지 않으면 다시 어느 생을 기다려 이 몸을 제도濟度할 것인가."라고 하였다. 그 뜻이 지극히 절실하다. 그러나 세상 사람은 모두 꿈속에 있으면서 지혜를 돌이키는 사람이 한 사람도 없으니, 가히 슬픈 일이구나.

◉

46

賃傭임용

품팔이꾼

靜觀世人 身如賃居 心若傭役 何謂賃居 賃屋雖好 限到則退 人身雖美 壽盡則去 豈不是賃居乎 何謂傭役 此事畢又作彼事 終日奔忙 不得自在人心若不攀緣此事 必攀緣彼事 無一時自在 豈不是傭役乎 屋宇有錢 更賃身限 無物可贖 傭役竣事 可已心役 無時暫歇 夢中心身 亦必攀緣 以此爲眞 以此爲樂 苟離攀緣 亦甚無聊噫 死生夢覺 無時自在

◉

조용히 세상 사람들을 관찰해 보면, 몸은 돈을 주고 남의 집을 빌려서 거주하는 것과 같고, 마음은 품팔이 노동자와 같다.

어째서 셋방살이라 하는가. 빌린 집이 비록 좋다 해도 기한이 되면 나가야 한다. 사람의 몸이 비록 아름다워도 목숨이 다하면 가야 한다. 어찌 셋방살이가 아니겠는가.

어째서 품팔이 일꾼이라고 하는가. 이 일을 마치면 또 저 일을 한다. 종일 매우 바빠서 자유롭지 못하다. 사람의 마음이 만약 이 일에 반연攀緣하지 않으면 저 일을 붙잡고 매달린다. 한시도 자유자재하지 못하다. 어찌 품팔이 노역이 아니겠는가.

집은 돈이 있으면 다시 빌릴 수 있으나, 몸의 기한을 바꿀 수 있는 재물은 없다. 일꾼은 일을 마치면 그만 둘 수 있으나, 마음의 노역은 잠시도 쉴 때가 없다. 꿈속의 몸과 마음도 반드시 인연에 의지하여 이것으로써 진짜다 하고, 이것으로써 즐겁다고 한다. 반연*하지 않으면 몹시 불편해한다. 아! 죽고 살고, 꿈꾸고 깸에서 자유로운 때가 없구나.

---

* 반연攀緣: 마음이 대상에 의하여 작용을 일으킴. 원인을 도와 결과를 발생시킴. 속되게 인연에 끌리고 의지함.

47

能所*

능소

若無能緣之心 所緣之境 則蕩然若虛空 將以何爲心 夫喜變爲怒 怒變爲喜之際 如水易火 體不相連 體旣不連 則如兩人 交代彼此 各心我之一身 應無兩心 醉醒之相變 夢覺之相換 過去心已不可得 未來心亦不可得 則將以何爲心 故知諸心 皆夢而有非夢者 存乎其中

* 능연能緣과 소연所緣.

◉

만약 능연能緣**하는 마음과 소연所緣***의 경계가 없다면 허공처럼 자취가 없을 것이니, 장차 무엇으로 마음이라 하겠는가. 대체로 즐거움이 변하여 성냄이 되고, 성냄이 변하여 즐거움이 되는 때는 물이 불로 바뀌는 것과 같아서 형체가 서로 이어지지 않는다. 형체가 원래 이어지지 않았기 때문에 두 개체가 번갈아드는 것과 같으니, 저것과 이것이 각각 다른 마음일 것이다.

하지만 나의 한 몸에 응당 두 마음은 없다. 잠들고 깸이 서로 돌아가며 변화하고, 꿈꾸고 깸이 서로 바뀔 때, 과거의 마음은 이미 얻을 수 없고 미래의 마음 또한 얻을 수 없으니, 장차 무엇으로써 마음이라 하겠는가. 그렇기 때문에 모든 마음이 다 꿈인데, 꿈 아닌 것이 그 가운데 존재함을 알아야 한다.

** 마음 바깥의 사물에 의지하여 인식하는 마음의 작용.

*** 마음으로 인식하는 대상.

48

寂照적조

고요히 비춤

無煩惱則不爲夢 無攀緣則不爲幻 苟無煩惱 能心空矣 孰爲夢者 苟無攀緣 所境寂矣 孰爲幻者 故覺夢者 心如明鏡 了然寂照

◉

번뇌가 없으면 꿈을 꾸지 않고, 인연과보因緣果報가 없으면 환상이 없다. 진실로 번뇌가 없으면 마음이 공空할 것이다. 무엇이 꿈이 될 것인가. 진실로 인연에 얽매이지 않는다면 인연에 의한 대상이 사라질 것이다. 무엇이 환상이 될 것인가. 그러므로 깨달은 자는 마음이 거울과 같아서 분명하고 명백하며 고요하고 훤할 것이다.

◉

49

清濁청탁

맑고 탁함

心中無憂者 魂寧魄輕而夢淸 心中多慮者 魂擾魄重而夢亂 夢常淸者 死當魂靈 夢常亂者 死應魄墜 人能薄滋味儉衣服 自然少營求 苟無營求 有何憂慮

◉

사람 중에 걱정이 없는 자는 혼魂이 편안하고 백魄이 가벼워 꿈도 맑다. 사람 중에 걱정이 많은 자는 혼이 탁하고 백이 무거워 꿈이 어지럽다. 꿈이 항상 맑은 사람은 죽어서도 마땅히 혼이 편안하다. 꿈이 늘 어지러운 사람은 죽어서도 응당 백이 아래로 떨어질 것이다.

사람이 맛있는 음식 맛보기를 줄이고 의복을 검소하게 하면 자연히 계획하고 탐하는 것이 줄어든다. 진실로 꾀하고 욕심 부림이 없다면 무엇을 근심하고 걱정함이 있겠는가.

◉

50

圈局권국

권역에 국한됨

夢中人千思萬慮 所計不出夢外 池中魚千週萬廻 所見只在池內 爲其圈套所局 俗學之悟解大同 而無超等之見者 爲學問所局 不局者鮮矣

◉

꿈속의 사람은 천 가지 생각과 만 가지 근심을 해도 헤아린 바가 꿈 밖을 벗어나지 못한다. 연못 속의 물고기가 천 번 돌고 만 번 되돌아도 보는 바는 단지 연못 안에 있다. 그것들의 영역은 국한局限된 곳에 갇혀 있다.

세속의 학자들이 계발啓發하고 풀이함도 대체로 이와 같고, 무리를 초월한 안목을 가진 자가 없는 것은 학문이라는 국한된 곳에 있기 때문이다. 국한되지 않는 자는 드물다.

◉

51

難悟난오

깨닫기 어려움

一日寧靜 夜夢淸安 一日忙亂 夜夢紛雜 是知一生善惡 可爲百劫種子何也 心識一迷 開悟甚難 可不兢懼哉

◉

하루를 편안하고 고요하게 보내면 밤에 꿈은 맑고 편안하며, 하루를 조급하고 어지럽게 보내면 밤에 꿈은 번잡하고 어수선하다. 이로써 일생의 선과 악이 백겁의 씨앗이 될 수 있음을 알 수 있는데, 어째서인가. 심식心識이 한 번 미혹하면 도를 깨우침이 심히 어렵다. 가히 떨리고 두렵지 않는가.

◉

52

顚倒전도

거꾸로 됨

未夢之前 不見夢中身 已覺之後 不見夢中身 未生之前 無有此身 已死之後 無有此身 身是畢竟無者 未夢之前 已有此心 已覺之後 亦有此心 而能夢能覺 未生之前 已有此心 已死之後 亦有此心 而能生能死 心是畢竟有者 世人勞此心以養身 不知修此身以養心 是可謂顚倒

◉

꿈꾸기 전에는 꿈속의 자신을 보지 못하며, 이미 잠에서 깬 뒤에도 꿈속의 자신을 보지 못한다. 태어나기 전에는 이 몸이 있지 않았고, 이미 죽은 뒤에도 이 몸이 있지 않다. 몸은 결국에는 없는 것이다.

꿈꾸기 전에 이미 이 마음은 있었고, 잠 깬 뒤에도 마음은 있어서 능히 꿈을 꾸고 잠을 깬다. 태어나기 전에도 이미 이 마음은 있고, 죽은 뒤에도 마음은 있어서 능히 태어나고 죽는다. 마음은 결국에는 있는 것이다.

세상 사람들은 육신을 즐겁게 하기 위해 이 마음을 수고롭게 하나, 마음을 수양하기 위해서 이 몸을 다스려야 함은 알지 못한다. 이는 거꾸로 되었다고 할 것이다.

◉

53

髮影발영

털과 그림자

蜮射影而中毒 鳥啣髮而夢飛 是知虛者亦我 無情者亦我 苟知無情而虛者亦我 則實者卽虛 虛者卽實 寤者卽夢 夢者卽寤 而死生非二 物我卽一 知性非情故 知物俱性

◉

물여우가 사람의 그림자를 쏘면 사람이 중독되고, 새가 사람의 털을 물고 날아가면 꿈에 날게 된다고 한다. 이로써 비어 있는 그림자 또한 나이고, 마음작용(情)이 공허空虛한 것 또한 나임을 알 수 있다.

진실로 마음이 공허하고 빈 것이 나임을 안다면 실상(實者)이 곧 허상(虛者)이고, 허상이 곧 실상인 것이다. 깨어남이 곧 꿈이고, 꿈이 곧 깨어남이다. 그래서 죽고 태어남도 둘이 아니고, 일체 경계(物)와 내가 곧 하나다. 참 본성(性)이 중생심(情)이 아님을 알기에 그 본성이 일체(物)를 갖춤을 안다.

◉

54

魚鳥어조

물고기와 새

罥羅之鳥 自拳其足 至死不舒 觸罟之魚 自揷其嘴 至死不退 世人之愚者 執不知捨 進不知退 賢者守識不回 執有不釋 何笑於魚鳥之愚 蓋人物受生 執而爲識 有而爲身 游於幻夢之域 恒爲習氣所使 苟不猛省 孰能覰破

◉

그물에 걸린 새는 스스로 그 발을 움켜쥐고 죽음에 이르러도 펴지 않는다. 그물에 걸린 물고기는 스스로 그 주둥이를 그물에 꽂고 죽음에 이르러서도 뒤로 물러나지 않는다. 세상에 어리석은 사람도 잡고서 버릴 줄 모르고, 나아갈 뿐 물러날 줄 모른다. 현명하다는 사람들은 지식에 머물러서 돌이켜 보지 않는다. 아는 것을 붙잡고서 내려놓지 못한다. 어찌 새와 물고기의 어리석음을 비웃겠는가.

대개 사람이 태어나면 가지고 있는 것을 의식(識)이라 하고, 존재하는 것을 몸이라고 한다. 꿈과 환상의 세계를 떠돌아다니며 단지 번뇌로 인한 버릇이 시키는 대로 행동한다. 진실로 깊이 반성하지 않으니 누가 능히 간파看破하겠는가.

◉

55

名氣명기

명분과 기질

物欲之迷心 甚於盲瞎 貪愛之粘心 甚於膠漆 蒼蠅赴湯 黃蜂投蜜 至於沉溺而不悟 人徒知物欲之可戒 若名若氣之展轉粘着 不能透徹 世所謂高人達士 鮮能跳出於名氣之夢

◉

재물에 대한 욕심이 마음을 미혹하게 함은 눈먼 장님보다 심하고, 탐내고 애착함이 마음에 붙는 것은 아교나 옻칠보다도 심하다. 파리는 국물에 날아들고, 벌은 꿀에 뛰어들어서 빠지고 잠겨도 깨닫지 못한다.

사람들은 물욕을 경계해야 함을 안다. 이와 같은 명분과 물욕에 얽매이는 기질이 되풀이되고 달라붙어 환하게 꿰뚫지 못한다. 세상에서 이른바 벼슬이나 물욕에 뜻을 두지 않는 고상한 사람과 사리事理에 정통한 사람 중에 명분과 기질의 꿈을 능히 벗어나는 자는 드물다.

◉

56

怒愛노애

성냄과 사랑

愛者 水也 水性潤下 久漸浸漬 怒者 火也 火性炎上 一發薰蒸 夫氣爲之擾亂 神爲之昏眩 甚則眼睛紅熱 肢體戰慄 頃刻遷變 未及商量者 怒火之易發難制 怒者有相 易見易知 愛者隱微 難見難知 怒者近於虐 易悔易改 愛者近於和 暫染漸深 因循不省 久益迷惑者 愛水之易溺難悟 成習造業 皆本於此 何以知之 夢幻多從怒愛上做成

◉

사랑은 물과 같다. 물의 성질은 부드럽고 낮은 데로 내려간다. 오래되면 점점 스며들어 젖는다. 성냄은 불과 같다. 불의 성질은 위로 타오른다. 한번 일어나면 찌고 태우니, 기운이 어지럽고 흐려지며 정신이 희미하고 현기증이 난다. 심하면 눈이 붉어지고 열이 나며 몸이 벌벌 떨린다. 순식간에 바뀌고 변해서 미처 헤아려 생각하지 못한다. 성난 불길이 쉽게 일어나 절제하기 어렵다.

성난 사람은 얼굴에 나타나서 보기 쉽고 알기 쉽다. 사랑은 겉으로 드러나지 않아서 보기 어렵고 알기 어렵다. 화는 무절제와 같아서 후회하기 쉽고 바뀌기 쉽다. 사랑은 섞임과 같아서 별안간 옮겨져서 점점 물든다. 위로하고 어루만지고 달래므로 살피지 않는다. 오래도록 차츰차츰 미혹이 더해져서 사랑의 물에 쉽게 빠져서 깨닫기 어렵다. 습習이 되고 업이 쌓임이 모두 이것으로부터 근거한다. 어떻게 그걸 아는가. 꿈과 환상은 성냄과 사랑에서 만들어지고 이루어지는 것을 많이 따르기 때문이다.

◉

57

稟殊품수

바탕이 다름

陰陽殊氣 幽顯不同 物形或有不可見者 眼力或有所不及處 鷄晝明而夜暗 梟夜明而晝暗 是所見不相同 禽可浮游 而獸則馳走 鱗介潛水 而羽毛處陸 是所居不相及 況異氣殊稟 清濁不類 可以理致 難以情求 寤人不見夢中物 夢人不見寤中物 自己魂魄 猶有不相及 況以凡情能盡微妙理氣哉

◉

음과 양은 기가 달라서 이치를 헤아리기 어려울 만큼 그 깊음이 같지 않다. 물건의 생김새를 어떤 경우에는 볼 수 없는 것이 있고, 시력은 어떤 경우에는 미치지 않는 곳이 있다. 닭은 낮에 울고 밤에는 가만히 있다. 올빼미는 밤에 울고 낮에는 울지 않는다. 이것은 보는 것이 서로 같지 않기 때문이다. 날짐승은 높이 날아다니고 길짐승은 달려서 나아간다. 어패류는 물속에서 자맥질하고 조류와 짐승은 육지에 산다. 무릇 서식지를 서로 함께하지 않는다. 게다가 기운이 다르고 바탕이 다르다. 맑음과 탁함이 같지 않다. 이치로써는 가능하나 사람의 마음(情)으로 알기는 어렵다.

잠에서 깬 사람은 꿈속의 일을 보지 못하고, 꿈속의 사람은 잠 깼을 때의 일을 보지 못한다. 자기의 혼백魂魄도 이미 서로 닿지 못하는 것이 있는데, 하물며 중생의 마음으로 미묘한 이理와 기氣의 최고의 경지에 이를 수 있겠는가.

◉

58

誤認오인

잘못 인식함

睡中聞見 或多誤認 而夢中仍成幻境覺而思之 似非我心 殊不知世人聞淫靡之聲 而謂可樂 見諂佞之色 而謂可愛 及至狼狽 悔其誤認 旣悟其曏日之心是僞 則惡知今日之心果眞 以平等心觀之 昨今之心 皆是夢情

◉

잠에서 듣고 보는 것에는 혹 잘못 인식하는 것이 많다. 꿈으로 환상의 경계를 이루고서, 꿈에서 깨어 그것을 생각하면 내 마음과 같지 않다. 도무지 알 수가 없다.

세상 사람들은 방탕하고 사치스러운 음악을 즐겁다고 한다. 아양 떨고 홀리는 여색을 보는 것을 사랑스럽다고 한다. 그러다 낭패를 만나면 그것을 잘못 알았다고 후회한다. 이윽고 그 지난날의 마음이 거짓임을 깨달았다고 하면, 어찌 지금의 마음은 정말로 진짜라고 알고 있는가. 차별 없이 마음을 관찰해 보면 어제와 오늘의 마음이 모두 다 꿈속의 혼탁한 망념이다.

◉

59

獨知독지

홀로 앎

醉心功名者 經營莫非功名 惑好才藝者 伎倆莫非才藝 及其醉者醒 惑者悟 則顧念曩日 恍然如夢 夫智人 自性不迷 鑑古今 玩物情 卽可自悟 是以攝念歸心 轉識爲智 同於事而不拘於事 居於俗而不染於俗 譬如與人共睡 而夢獨自知

◉

공명功名에 마음이 취한 자들은 계획하고 일함이 공명 아님이 없고, 재능才能과 기예技藝를 좋아하는 자들은 재주와 솜씨가 재능과 기예 아님이 없다. 그 탐닉한 것들에서 깨어남에 이르면, 어떤 사람은 과거의 어느 때를 되돌아보고 생각할 때, 꿈처럼 분명하지 않음을 깨닫는다.

지혜로운 사람은 자기의 성품이 미혹하지 않아서 과거와 지금, 장난 같은 마음과 일체 경계를 잘 살펴서 스스로 깨달을 것이다. 이에 생각을 다스리고 마음을 돌려 의식을 바꾸고 지혜를 이루어서, 일과 함께하지만 일에 구애받지 않고, 세속에 있지만 세속에 물들지 않는다. 비유컨대 사람들과 더불어 잠들지만 꿈속에서 홀로 자기를 아는 것과 같다.

◉

60

無我무아

내가 없음

人皆曰我 我是甚麽 以軀殼爲我 夢中之我 非軀殼也 以情識爲我 遷變時 以何爲我 以見聞爲我 聞聲時 眼是誰見 色時耳是誰 雖然 歷歷孤明勿形段者 存乎其中 叩之卽應 不知者 歷劫不遇 知之者 常現在前 難莫難於此道 易莫易於此道 世人胡不爲易 而自以爲 難

◉

사람들이 다 자아自我를 말한다. 나는 누구인가. 몸뚱이를 가지고 나라고 한다면 꿈속에 나는 몸뚱이가 아니다. 정식情識을 가지고 나라고 한다면, 정식이 달라지고 변할 때 어찌 나라고 하겠는가. 보고 듣는 것으로써 나라고 한다면, 소리를 들을 때 눈은 무엇이며 물체를 볼 때 귀는 무엇인가.

비록 역력歷歷하게 홀로 명료히 드러난다 하더라도, 그 가운데 형상이 없는 것이 있어서 물어보면 대답한다. 알지 못하는 자는 겁劫의 시간을 보내도 만나지 못한다. 그것을 아는 자에게는 항상 나타나 그 앞에 있다. 어렵다면 이 도道보다 어려운 것이 없고, 쉽다면 이 도道보다 쉬운 것이 없다. 세상 사람들은 어찌 쉬운 것을 하지 않고 스스로 어렵다고 하는가.

◉

61

印影인영

도장을 찍은 흔적

少時所見 忘之已久 忽入於老年 夢中是何故 如影印角 犀已死而影猶存矣 是以學者 愼其所受 夫對境無心 如鏡照物 但示現而已 則物何能累我 而留吾胸 入吾夢哉

◉

어릴 때 터득한 것을 이미 오래전에 잊었으나, 노년에 꿈속에 느닷없이 나타난다. 이것은 무엇 때문인가. 무소의 뿔에 새겨 놓은 도장(印)의 글처럼, 무소는 이미 죽었으나 그 도장의 글은 그대로 존재하는 것과 같다.

이런 까닭에 배우는 자는 마땅히 배우는 것을 조심해야 한다. 대체로 객체客體에 욕망이나 시비가 없어, 거울이 사물을 비추는 것처럼 다만 나타내 보일 따름이면, 어찌 상대가 능히 나를 묶어서 내 가슴에 머무르고 내 꿈에 나타나겠는가.

◉

62

畵塑화소

그림과 허수아비

畵中美艶可愛 而不足寄情 塑像威儀可敬 而不可爲慴 夢裏繁華可想 而不肯追慕 知其非眞故 眞情不動 眞情不動故 回頭卽忘 其於世事 非不隨應 而視如畵塑 夢幻其物 何能印吾心哉 始焉受之終焉染之 生爲夢兆 死作業識 歷劫展轉 莫能解脫 皆吾自取 非物之咎

◉

그림 속 여인의 아름다움은 사랑스러우나 마음을 주기에는 부족하고, 흙으로 만든 동상의 위엄과 귀감은 공경할 만하나 두려운 것은 아니다. 꿈속의 번영과 화려함은 생각할 수는 있으나 즐김을 구하고 그리워하지는 않는다. 그것이 사실이 아님을 알기 때문에 참으로 애틋한 마음이 일어나지 않는다. 진실로 애틋한 마음이 일어나지 않기 때문에 머리를 돌리면 곧 잊어버린다.

마땅히 세상일에 따르고 응하지 않는 것이 없으나, 그림과 동상을 꿈과 환상과 같이 본다면 그러한 종류들이 어찌 능히 내 마음에 어떤 심상心象을 남기겠는가. 처음에는 그것을 받아들이고, 나중에는 그것에 물들어 살아있을 때는 꿈의 빌미가 되고, 죽어서는 업식業識을 지어서 몇 겁을 지나도록 능히 해탈에 이르지 못한다. 다 내가 스스로 취取한 것이니, 바깥 경계들의 허물은 아니다.

◉

63

虛名허명

헛된 이름

夢中多學識 立功業 譽聲日興 美名遠播 一世推我爲高 而自恃異乎凡人 忽然開眼 身臥牀上 依然一措大 震世之名安在 自高之想奚往 世之學者 多得是夢 何不自試一身之中 所謂學識功業聲名安頓何處 可恃爲實相 可恃爲出凡 苟無其實 卽是虛名

◉

꿈속에서 많은 학식을 갖고 업적과 명예를 세워서 찬양과 명성은 날로 늘어나고 경사스러운 평판은 널리 퍼져나간다. 온 세상이 나를 공경하여 높이 받들면 보통사람보다 뛰어나다고 믿는 경우가 있다. 홀연히 눈을 떠보니 몸이 평상 위에 누워 있고, 전과 다름없이 한 사람의 가난한 선비였다.

세상에 위세를 떨치던 이름은 어디에 있고, 스스로가 높다고 하던 생각은 어디로 갔는가. 세상의 학자學者들이 이러한 꿈을 많이 꿀 것이다. 어찌하여 스스로를 검증하지 않는가. 자기 한 몸 가운데 소위 학식과 공적과 명성을 어느 곳에 잘 정돈할 것인가. 참된 모습이라고 믿을 수 있고, 보통사람들보다 뛰어나다고 자부할 수 있는가. 진실로 그 실상實相이 없으면 이것들은 다 헛된 평판들이다.

◉

64

非知비지

지식이 아님

記憶誦習 胸藏萬卷 聰明才智 名蓋一世 徒益知解 增長無明 世人稍有知解 自以爲覺 殊不知夢中人 智雖昭然 只是夢中 一朝心開眼明 乃知此覺 非是知解

◉

기억하고 외우고 익혀서 가슴에 만 권의 책을 간직하고, 총명하고 재주와 지혜가 있어서 이름이 온 세상에 알려지지만, 헛되이 지식과 풀이를 더하여 무명無明을 증가시킬 뿐이다. 세상 사람들은 터득함과 통달함을 차츰 알고서 스스로 깨달았다고 한다.

꿈속의 사람은 지혜가 비록 이치에 밝다고 하더라도 다만 꿈속의 일임을 전혀 알지 못한다. 어느 날 아침에 마음이 열리고 눈이 밝아져서 비로소 이 깨달음이 지식이나 이해가 아님을 안다.

◉

65

差別

차별

一世羣生之數 不知其幾億萬 而各有一生之夢 又不知幾百千矣 幾億萬生之幾百千夢 其數不可量不可說 而亦各不同 所以不同者 以其心識之差別也 心差別則業差別 業差別則報差別 報差別則世界差別 是知世界之多 亦不可量不可說 以不可量不可說之差別 泯然歸一者 其惟大覺乎

◉

온 세상 중생의 수는 몇억만인지 알 수 없다. 그런데 중생들 각자의 일생 동안 꿈이 또 몇백 번, 몇천 번인지 알 수 없다. 몇억만 중생의 몇백, 몇천의 꿈은 그 수를 헤아릴 수도 없고 설명할 수도 없다. 또한 그 꿈들은 각각 서로 다르다. 다르다고 하는 까닭은 심식心識의 차별 때문이다. 심心의 차별은 곧 업業의 차별이다. 업의 차별은 곧 보報의 차별이다. 보의 차별은 곧 윤회하는 세계의 차별이다. 이는 세계의 많음도 역시 헤아릴 수도 없고 설명할 수도 없음을 나타낸다. 헤아릴 수 없고 설명할 수도 없는 차별들이 자취 없이 하나로 돌아가는 것은 오로지 큰 깨달음뿐이다.

◉

66

自疑자의

스스로 의심함

夢中人自疑 未夢之前 我從何來 旣夢之後 我從何去 始曾無我否 終當有我否 今旣不能憶昔 後亦安能憶今 若是前無所從 後無所往 突然中間 我從何有 如是窮究 心定神凝 而夢境自壞 卽是未夢之前 我已自在 旣夢之後 我亦自在 本無可憶 亦無可忘 而特爲夢幻所迷

◉

꿈속에서 사람은 스스로를 의심한다. 아직 꿈꾸기 전에 나는 어디에서 왔으며, 이윽고 꿈꾼 뒤에는 어디로 가는가. 처음에는 일찍이 내가 없었지 않았던가. 그러다 마침내 갑자기 내가 존재하지 않는가. 이제 이미 옛일을 기억할 수 없으니 나중 또한 어찌 지금을 기억할 수 있겠는가. 만약 앞에서 말미암은 바가 없으면 후에도 향하여 갈 곳이 없다. 돌연 그 사이에서 나는 어디로부터 말미암아 존재하는 것인가.

이처럼 속속들이 깊이 연구해 나가면 마음이 편안해지고 정신이 집중되어 꿈의 경계가 스스로 무너진다. 아직 꿈꾸기 전에도 나는 이미 자재自在하고, 이윽고 꿈꾼 뒤에도 또한 나는 자재하다. 본래 기억할 것도 없고 또한 잊을 것도 없을 따름인데, 다만 꿈속의 환상에 마음이 흐려져서 미혹迷惑해진 것이다.

◉

67

心迹심적

마음의 흔적

至人無夢 如水至靜而無波 愚人無夢 如水至濁而無影 聖人之渾渾與物同游也 愚人之渾渾不辨清濁也 聖人之衣服飮食與人同 不欲異於人也 愚人之衣服飮食與人同 恐其不如人也 是以不察聖人之心 而學其迹者 何異尋夢追影

◉

도인道人은 꿈이 없다. 물이 지극히 고요하면 물결이 일지 않는 것과 같다. 어리석은 사람도 꿈이 없다. 물이 아주 탁하여 그림자가 없는 것과 같다. 성인이 맑고 흐림이 뒤섞임은 중생들과 같이 생활하기 때문이다. 어리석은 사람이 맑고 흐림이 뒤섞임은 맑음과 흐림을 구별하지 못하기 때문이다. 성인은 의복과 음식이 모두 중생들과 동일하나, 중생과 달리 욕심을 부리지 않는다. 어리석은 사람의 의복과 음식도 죄다 중생들과 같으나, 중생들만 못할까 두려워한다. 이러한 까닭으로 성인의 마음을 살피지 않고 그 발자취만 배우는 자는 꿈을 찾고 그림자를 좇는 것과 어찌 다르겠는가.

◉

68

我幻아환

나의 환상

世人以軀殼爲我 而不知其夢中人 亦有我夢中人 自以爲我 而不知其床上人 亦自我謂皆我 則虛實不相倫 分彼此則夢覺成二人 是知夢覺皆幻 而所謂我者亦幻 苟知我亦幻 乃可出夢

◉

세상 사람들은 몸뚱이를 나라고 한다. 그러나 꿈속의 사람 중에도 내가 있음을 알지 못한다. 꿈속의 사람은 스스로를 나라고 한다. 그러나 침상 위의 사람 또한 스스로가 나임을 알지 못한다. 모두 다 나라고 한다면 허와 실을 서로 논할 수 없다. 이 나와 저 나를 나누면 꿈꾸는 자와 깬 자라는 두 사람을 이룬다. 이에 꿈꾸는 것과 잠 깸이 모두 환상이므로, 소위 나라고 하는 것 또한 환상임을 알게 된다. 진실로 나 또한 허상임을 안다면 비로소 꿈에서 벗어날 것이다.

◉

69

世界

세계

十人同寢 各成一夢 有天地萬物焉 有榮辱壽夭焉 夫一室之中 半夜之間 開闢十世界 久暫之不齊 情境之差別 如是而甲夢中人 不知有乙夢世界 乙夢中人 不知有甲夢世界 蓋其幻見不出境外也 世人之不信有三千大千世界 何足爲怪

◉

열 사람이 함께 잠을 잘 때 각자 하나씩 꿈을 꾸면, 거기에는 천지 만물이 있고 영광과 치욕이 있고 장수와 요절이 있다. 대체로 한 집에서 한 밤 동안에 열 개의 세계가 개벽開闢하며, 길고 짧음이 같지 않다. 마음 경계의 차별이 이와 같다.

그래서 갑의 꿈속 사람은 을의 꿈속 세계가 있음을 알지 못한다. 을의 꿈속 사람은 갑의 꿈속 세계가 있음을 알지 못한다. 어찌 그 환상 속에서 보는 것이 꿈속의 경계 밖을 벗어나겠는가. 세상 사람들은 삼천대천세계三千大千世界가 있음을 믿지 못한다. 어찌 족히 괴이하다고 하겠는가.

◉

70

易悟이오

깨닫기 쉬움

天下事 益之難 損之易 一技小術 必須勞心努力 閱歲月而始成 豈不難哉 大道無方 可以一言而悟 一悟而空 譬如深睡長夢 經歷許多情狀 一喚而醒 則一時俱空 豈不易哉 烏乎 世人不信自己 而信他物 不好爲易 而好爲難 吁 亦苦矣

◉

천하의 일은 이득을 얻기는 어렵고 손해를 보기는 쉽다. 한 가지 작은 기술도 애써서 노력함이 반드시 필요하고 세월을 보내야 비로소 이루어진다. 어찌 어렵지 않겠는가.

큰 도道는 친소親疏나 귀천貴賤에 구애받지 아니하니 한 말로써 깨달을 수 있다. 한번 깨달으면 비로소 공空이 된다. 비유하자면 깊은 잠의 긴 꿈처럼 벌어진 일이나 처한 사정을 무수히 많이 겪으며 지내오다가, 한번 부르짖으면 깨어나서 즉시 모든 것이 동시에 전부 공空이 된다. 어찌 쉽지 않은가.

아아! 세상 사람들은 자기를 믿지 않고 남의 것을 믿으며, 쉽게 이루어지는 것을 좋아하지 않고 어렵게 이루는 것을 좋아하니, 탄식歎息이 나오고 걱정스럽구나.

◉

71

泡衣포의

물거품과 옷

覺視夢身 如泡影已滅 死視生身 如脫衣委置 本是幻而非眞 本是物而非我 世人妄分物我 害彼物而養此身 枉恃幻影 求奇方而望長生 是不知性命之理 眞假之物 苟知何者是假是眞 何者是客是主 自然熟處漸生 生處漸熟 舊習日改 而不知新薰日進而成德

◉

잠에서 깨어나 꿈속의 몸을 보면 물거품과 그림자가 이미 없어짐과 같고, 죽어서 살아생전의 몸을 보면 옷을 벗어서 버려둔 것 같다. 본래 이것은 환상이지 실상實相이 아니고, 본래 이것은 일체 만물 가운데 하나이지 내가 아니다.

세상 사람들은 자신과 일체 만물들을 헛되이 구분하여 만물을 해쳐서 이 몸을 즐기고, 환상을 사특하게 믿고, 기이한 방법을 구하면서 오래 살기를 바란다. 이는 사람의 천성天性과 천명天命의 이치와 일체 만물의 참과 거짓을 알지 못하기 때문이다.

진실로 어떤 것이 참이고 거짓인지, 무엇이 주主이고 객客인지 안다면, 자연스럽게 익숙하던 곳이 점차 낯설어지고 낯선 곳이 점차 익숙해져서 오래된 습관이 나날이 고쳐질 것이다. 그리하여 알지 못하는 사이에 새로운 향기가 매일 더해져서 덕을 이룰 것이다.

◉

72

徵驗징험

징조와 경험

心迷着故爲夢 心有物故成幻 苟能朗然常照 孰能爲夢 寂然無物 孰能爲幻 今旣無夢 孰能死生 今旣無幻 孰能輪回 是知夢是死生之微 幻是輪回之驗

◉

마음이 미혹하여 집착하므로 꿈을 꾸고, 마음이 대상 경계에 있기 때문에 환상이 이루어진다. 진실로 능히 환하여 항상 밝아지면 무엇이 꿈이 될 수 있으며, 고요하면 경계가 없는데 무엇이 환상이 될 수 있겠는가.

이제 이미 꿈이 없으니 무엇이 태어나고 죽을 수 있겠는가. 지금 이미 환상이 없는데 무엇이 윤회할 수 있겠는가. 이에 꿈은 생사生死의 징조이고, 환상은 윤회의 증거임을 안다.

◉

73

孤明고명

홀로 밝음

或曰夢中能知爲夢所幻 可以破幻出夢歟 曰一切諸夢 皆爲幻迷 爲其所迷故 不知其幻 若知夢幻境空 則心無貪着 而想念銷落 想念銷落 則眞體自在 而靈知獨存 靈知獨存 則幻境自壞 何以故 應物而於物無心 行事而於心無事 湛如止水 照若明鏡 惺惺寂寂 孤明現前 夢自醒矣

어떤 이는 말한다. "꿈속에서 헛되이 보이는 것이 꿈이 됨을 능히 안다면 환상을 깨고서 꿈을 벗어날 수 있는가."

답하길, "일체 모든 꿈이 다 환상이고 미혹함이다. 그것은 미혹함에 의해 이루어져 있기 때문에 그것이 환상임을 알지 못한다. 만약 꿈과 환상의 경계가 텅 빈 것임을 안다면 상념想念이 떨어져 사라지고, 상념이 떨어져 사라지면 진실상이 자재하여 영묘靈妙한 앎(靈知)이 홀로 존재한다. 즉 환상의 경계가 스스로 무너진다.

무슨 까닭인가. 만물을 대하나 만물에 무심하고, 일을 행하지만 마음에 일이 없다. 맑음은 물에 다다름과 같고, 환함은 밝은 거울과 같다. 깨닫지 않음이 없고 고요하지 않음이 없다. 눈앞에서 홀로 밝으니 꿈에서 저절로 깨어난다."라고 하였다.

74

守影수영

그림자에 머무름

世之學者 離羣絶俗 靜室存心 外不見可欲 內不起亂想 主一無適 心界幽間 如有虛明之光 凝然之象 自以謂得難言之妙 殊不知波浪雖息 尙有潛注 鼓桴已去 猶有餘響 凝然是夜樹之影 虛明是未覺之夢 苟不識無生之理 雖爾坐到百年 猶守夢中影

◉

세상의 학자 중에 무리를 떠나 속세와 단절하고 고요한 곳에서 마음을 살피니, 밖으로는 욕망이 생길 수 있는 것을 보지 않고 안으로는 어지러운 생각을 일으키지 않는다. 마음을 한 곳에 모아 흔들림이 없고 마음의 세계가 고요하고 올바르니, 밝은 마음의 빛과 단정하고 진중한 모습이 있는 것 같아서, 뜻밖에 말하기 어려운 묘각妙覺을 얻었다고 스스로 생각한다.

물결이 비록 그쳤으나 감추어진 흐름이 아직 남아 있고, 북치는 소리가 이미 가버렸으나 메아리는 남아서 그대로 존재한다. 단정하고 진중함은 한밤에 나무의 그림자이다. 헛된 밝음은 깨지 못한 꿈이다.

진실로 무생無生의 이치를 알지 못한다면 비록 백 년이 되도록 좌선한다 할지라도 다만 꿈속의 그림자에 머무는 것이다.

◉

75

無念무념

망념이 없음

心之不得自在 思慮亂之 上等之人 言下開悟 卽證無念 中下之人 煩惱厚重 卒難消磨 先覺導以一念之法 夫一念專 則內心不出 外境不入 久久馴熟 凝然入定 動靜寤寐 打成一片 則所謂一念 亦不可得 而隨順無念之體 心苟離念 已非夢中人

◉

마음이 걸림 없이 자유롭지 못한 것은 생각이 마음을 어지럽히기 때문이다. 상근기의 사람은 말이 떨어지기가 무섭게 지혜가 열려 도를 깨닫는다. 즉 무아無我의 경지를 증득證得한다. 중하근기는 번뇌가 무겁고 두터워 없애기 어려우니 탁마가 요구되므로 먼저 깨달은 자가 일념一念의 법으로써 인도引導한다.

마음을 오로지 한 곳으로 모으면 안으로는 마음이 나가지 않고 밖으로는 경계가 들어오지 않는다. 오래도록 길들여서 무르익으면 단정하고 진중하게 선정禪定에 들고, 움직이거나 멈추거나 잠이 들거나 깨어도 한 덩어리가 될 때, 이른바 일념 또한 공空하여 무념을 체험한다. 마음이 진실로 망념을 떠나면 이미 꿈속의 사람이 아니다.

◉

76

論學논학

학문을 논함

古今學者 曰存心 曰煉心 曰凝聚 曰空寂 曰精思 曰一志 曰昭昭靈靈 曰對境無心 若知無生之體 無所不可 若認識神 徒成幻相 何以故 以生滅爲種子 操則存 捨則亡 動靜不成片 夢覺不能一 生前已無足恃 死後有何可依.

◉

고금의 학자들은 마음속의 생각, 마음 수련, 응집凝集, 텅 빈 고요함, 깊이 생각함, 한결같은 뜻, 훤히 통달함, 그리고 사물에 얽매임이 없음에 대해 말한다. 만약 생멸生滅이 없는 그 도리를 알고 있다면 수긍하지 못할 것이 없다.

만약 마음을 분별하여 알면 헛되이 환상을 만드는 것이다. 무슨 까닭인가. 생멸을 씨앗으로 삼았기 때문에 잡으면 존재하고 놓아버리면 없어진다. 따라서 움직임과 고요함이 하나가 되지 못하고, 꿈과 깨어남이 하나가 될 수 없다. 생전에도 믿을 수 있는 것이 없을 따름인데, 죽은 뒤에 의지할 수 있는 것이 무엇이 있겠는가.

◉

77

形影형영

형체와 그림자

飢者夢取 飽者夢與 夢者 念想之影也 形端影正 形斜影曲 心術邪正 工夫淺深 無不驗諸夢 故云晝觀於妻子 夜卜於夢寐

◉

굶주린 자는 꿈속에서 받고, 배부른 자는 꿈속에서 준다. 꿈이라는 것은 마음속에 기억하고 있는 것의 그림자이다. 모양이 단정하면 그림자가 바르고, 모양이 비뚤어지면 그림자도 바르지 않다. 마음씨의 그릇됨과 올바름, 공부의 얕고 깊음이 모두 꿈에 증험證驗되지 않음이 없다. 그러므로 "낮에는 아내와 자식을 살펴보고, 밤에는 꿈을 자세히 헤아려본다."라고 한다.

◉

78

精進

정진

自無始來經歷 幾億萬劫 生死出入 幾億萬類 胞胎受過 幾億萬遭 苦狀滾到 今生得爲人身 靜念過去 長在昏夢 幸今聞道 大覺有路 其可悠忽 又送此生 寤寐動靜 恒存是心 一念精進 自然夢情淡薄 覺門豁開.

◉

시작이 없는 이래로 몇억만 겁의 생사를 겪어 왔고, 몇억만의 무리들의 태胎에 나고 들었으며, 몇억만 번 마주친 괴로움을 받고 거쳤는가. 금생에 흘러들어 사람 몸을 받아서 조용히 과거를 생각하니 미혹된 꿈에 늘 있었다.

다행히 이제 도를 듣고 큰 깨달음을 위한 길에 들어섰으니, 어찌 한가하게 세월을 보내어 이생을 또 헛되이 보내버릴 수 있겠는가. 자나 깨나 움직이고 멈추나 늘 이 마음을 살펴보고 일념으로 정진하면 자연히 꿈의 망념이 엷어지고 적어져서 깨달음의 문이 크게 열릴 것이다.

◉

79

眞如진여

참된 나

情雖深 俄可變 識雖久 俄可滅 生雖壽 俄可死 夢雖長 俄可醒 夫眞如性者 非情識 非生死 非寤寐 平等無相無古今 無變異 故曰平等 苟知眞性平等 可以不夢於情識中

◉

생각(情)이 비록 깊다고 하나 잠시 후 없어질 수 있다. 분별(識)이 비록 오래되었다 할지라도 잠시 뒤면 사라질 수 있다. 생명이 비록 장수한다고 하더라도 갑자기 죽을 수 있다. 꿈이 비록 길다고 하지만 갑자기 깰 수 있다.

무릇 참 나의 본성(眞如性)이라는 것은 생각도 아니고 분별도 아니며, 생도 아니고 사도 아니며, 잠듦도 아니고 깸도 아니다. 차별과 형상이 없으며, 옛날도 지금도 아니며, 변하여 달라짐도 아니기 때문에 차별이 없다고 한다. 진실로 진여성이 차별 없음을 안다면 생각과 분별 가운데에서 꿈꾸지 않을 수 있다.

◉

80

平等

평등

平等者 無偏無倚 無物無我 無喜怒之變 無夢覺之幻 非昏散 非無記 而如如不變 有物我則爲人法之幻 有偏倚則爲境界之幻 有喜怒則爲情識之幻 有思念則爲夢覺之幻 幻者變 變則不平等 平等者 理之本也

◉

차별이 없다는 것은 치우침, 기댐, 일체 만물, 나(我), 기쁨과 노여움의 변화, 꿈꾸고 깬다는 환상이 없고, 현혹되거나 어둡지 아니하고, 무기無記*도 아니어서 여여如如**하고 변하지 않는다.

일체 만물과 내가 존재한다고 하면 그것들에 현혹된 것이다. 치우침과 기댐이 있으면 경계境界에 현혹된 것이다. 즐거움과 성냄이 있으면 생각과 분별에 현혹된 것이다. 생각과 분별이 있으면 꿈과 깸에 현혹된 것이다.

환상이라는 것은 변하는 것이다. 변한다는 것은 차별 없음이 아니다. 차별 없음은 깨달음의 근본이다.

---

* 선도 악도 아닌 성질.

** ①분별이 끊어져 마음 작용이 일어나지 않는 상태. 분별이 끊어져 있는 그대로 대상이 파악되는 마음 상태. ②그렇게 있음. 차별을 떠난 있는 그대로의 모습. ③모든 현상의 본성.

81

水鏡수경

물과 거울

水之流也 方圓曲直 千差萬別 而水未嘗有心故 靜也 平等 動也 平等 鏡之照也 精麤黑白 千殊萬異 而鏡未嘗有心故 物來也自在 物去也自在 夫醉夢驚怖 喜怒愛憎 是非思念 擾亂心性 使不得自在 心與物交 情識引導 隨其情識 雖智亦夢 苟不覷得夢心 惡知其平等不平等 自在不自在

◉

물이 흘러가는 방향은 각지거나 둥글거나 굽어 있거나 곧아서 수천수만 가지 차이와 구별이 있다. 그러나 물에는 언제나 마음이 있지 않다. 그러므로 멈춤과 움직임이 차별 없이 평등하다. 거울에 비추어서 보면 깨끗함과 추함, 검고 흰 것이 수천수만 가지로 다르다. 그러나 거울에는 언제나 마음이 있지 않다. 그러므로 만물이 와도 자재하고 만물이 가도 자재하다.

탐닉耽溺, 꿈, 놀람, 두려움, 기쁨, 노여움, 사랑, 증오, 옳고 그름, 분별하는 생각은 마음을 탁하고 어지럽게 하여 걸림 없이 자유롭지 못하게 한다. 마음이 일체 경계와 서로 섞이면 망념과 분별이 인도한다. 그 망념과 분별을 따르면 비록 지혜로운 사람이라 하더라도 꿈속에 있게 된다. 진실로 꿈꾸는 마음을 보지 못한다면 어찌 그 평등과 불평등, 자재함과 그렇지 못함을 알겠는가.

◉

82

迷盡미진

미혹함이 없어짐

心譬之水 則淸淨 體也 照了 用也 而意 流也 情 波也 運動如思念 塵埃如物欲 染汚如習識 而風則外境也 風息波靜 塵埃沉潛 乍現 淸淨之相 則便以謂我已見性 殊不知潛流細注 微色薄染 尙非眞 空 猶是夢心 夢空爲覺 迷盡見性

◉

마음을 물에 비유한다면 곧 맑고 깨끗함은 체體요, 밝게 비춤은 용用이다. 그리고 생각(意)은 물의 흐름이고, 망념은 물결이다. 물이 돌고 움직이는 것은 분별하는 마음과 같고, 물속의 티끌은 물욕과 같고, 물의 오염은 습관과 같고 식견과 같다. 바람은 곧 바깥 경계(外境)이다.

바람이 멈춰 물결이 일어나지 않고 잠잠해져서 티끌이 잠기고 가라앉으면 물은 맑고 깨끗한 모습을 잠깐 드러낸다. 곧 "내가 벌써 견성見性에 이르렀다."라고 말하지만, 감추어진 미세한 흐름을 알지 못한다. 어렴풋한 색色이 엷게 물들어 있어 아직 참된 공空이 아니다. 오히려 이것은 꿈속의 마음이다. 꿈이 없어야 깨달음이 이루어지고, 미혹함이 다 없어져야 견성이다.

◉

83

垢痕구흔

때 묻은 흔적

心有貪嗔痴 如鏡之有塵垢 痕塵垢雖祛 染痕猶存 不得爲清淨 鏡心之無貪無嗔 固不容易 而痴滅尤難 痴滅則夢滅 夢滅始謂覺

◉

마음에 있는 탐貪·진嗔·치痴는 거울에 있는 때와 먼지 같다. 때와 먼지는 비록 떨어 없앴다 하더라도 더러운 흔적이 그대로 남아 있으면 맑고 깨끗한 거울이 될 수 없다.

마음에 탐욕貪慾이 없고 진에嗔恚가 없기란 정말로 쉽지가 않다. 그러나 어리석음(痴)을 없애기는 더욱 어렵다. 어리석음이 없어지면 꿈도 없어진다. 꿈이 없어지면 비로소 깨달았다고 한다.

◉

84

中外중외

안과 밖

未覺人 雖識通古今 智周萬物 秖是夢中人 何以故 夢中人 惟知夢中世界 不知夢外世界 夫覺夢者 能思夢中事 能知夢外事 夢前夢後 無不明知 不然 何足爲覺

◉

깨닫지 못한 사람은 비록 고금을 통틀어 지식에 통달하고 지혜가 만물에 두루 미쳐도 이는 꿈속의 사람이다. 무슨 까닭인가. 꿈속의 사람은 오로지 꿈속의 세계만 알 뿐 꿈 밖의 세계는 알지 못한다. 꿈을 깬 사람은 능히 꿈속의 일을 생각할 수 있고 꿈 밖의 일도 알 수 있다. 꿈꾸기 전과 꿈 꾼 뒤의 일도 확실하게 알지 못하는 것이 없다. 그렇지 못하면 어찌 꿈을 깼다고 할 수 있겠는가.

◉

85

昧受매수

어두움을 받아들임

欲使夢空 非去夢中事物 自心不昧 則夢自空 欲使心空 非遠世上事物 自心不受 則心自空 非禮勿視豈閉目 不見可欲豈遠物耶 古人云 吾心中無妓 苟心中無妓 何妨妓樂常圍繞

◉

꿈이 다하길 바란다면 꿈속의 모든 일과 사물들을 물리칠 것이 아니라, 자기의 마음이 어둡지 않으면 꿈은 저절로 없어질 것이다. 마음이 비워지길 바란다면 세상의 모든 일과 물건들을 멀리할 것이 아니라, 자기의 마음이 받아들이지 않으면 마음은 저절로 비워진다.

"예禮가 아니면 보지 말라."는 말이 어찌 눈을 감으라는 뜻이겠는가. "욕망을 일으키는 것은 보지 않는다."는 말이 어찌 사물을 멀리하라는 것이겠는가. 옛 사람이 말하길, "나의 마음속에 기생은 없다."라고 하였다. 진실로 마음속에 기녀가 없다면 기생과 음악에 항상 둘러싸여 있다 한들 어찌 장애가 되겠는가.

◉

86

眼華안화

눈 안에 꽃

金玉雖珍 而一屑着眼 眼不自在 開目卽見空中華 學識雖善 而一法在心 心不自在 擧念卽成寤中夢 是以眼空方見物 心空方見性

◉

금과 옥은 비록 귀하게 여겨지나 한 개의 부스러기가 눈에 들어가도 눈은 자유롭지 못하다. 그런 눈을 뜨면 공중화空中華*가 보인다. 학식學識이 비록 좋게 여겨지지만 한 가지 틀이 마음에 있으면 마음은 자유롭지 못하다. 그러한 생각을 일으키면 꿈속에서 깨달음을 이룬다. 이런 까닭으로 눈에 티끌이 없으면 사물이 보이고, 마음이 공空하면 바야흐로 견성見性이다.

---

* 공화空華·허공화虛空華라고도 일컫는 불교 용어. 눈병 난 사람이 공중에 꽃과 같은 것이 아른거리는 것을 보게 되듯이, 본래 존재하지 않는 것을 진짜 있는 것으로 잘못 아는 경우를 비유할 때 쓰는 말.

87

正念

정념

謂之頑空 頑空者 夢昏沉 有亦爲夢 無亦爲夢 則遠離顚倒夢想然後 乃謂之正念 正念者 一念 一念而至於無念 寂然不動 無知而知 無住而住 念念未嘗在夢 是謂見性

◉

마음속에 생각이 일어나면 도거掉擧*라고 한다. 도거한 자는 꿈이 어수선하고 뒤숭숭하다. 마음속 무기無記는 완공頑空**이라고 한다. 완공한 자는 꿈이 어둡고 무겁다. 있음도 꿈이 되고 없음도 꿈이 된다.

뒤바뀐 헛된 생각을 멀리 여의어야 비로소 정념正念이라고 한다. 정념이라는 것은 한결같은 생각(一念)이다. 한결같은 생각이 무념에 이르러서 아주 조용하여 움직이지 않고, 앎이 없이 알며 머무름 없이 머무는 것이다. 찰나가 일찍이 꿈속에 있지 않으니, 이것을 견성見性이라고 한다.

---

* 들뜨고 혼란스러운 마음 상태.

** 공空에 대한 참다운 이해인 진공眞空의 반대 개념. 공을 그대로 아무것도 없는 것이라는 식으로 굳게 믿어서, 연기적 세계의 참모습을 제대로 보지 못하는 집착을 갖는 것.

跋

光緒甲申春 金君濟道 以其先尊甫月窓先生所著述夢瑣言 用聚珍字印行 囑余緣起 誼不敢辭 曩余二十九歲 始就正于先生門下 涵泳道義 幾十年 寔蒙陶甄 曁咸豊庚申 先生歸隱永嘉 安貧无悶 同治庚午易簀 雲山修阻 墓木已拱 緬想疇昔 不禁涕零 噫 先生以純粹 資卓犖才 學究三教 老益功篤 且志切覺世 作此書 引夢設譬 乃至辨眞妄 闡因果 蕩名相 齊生死 使覽者 直下頓悟 偉與大哉 夫夢者 魂交神應 曾有慕而忽來 屬所思而必往 現休咎 先兆通 喜懼深情 臧否殊感 希微難明 故周禮 掌占有官 正噩思寤 致觭咸陟 推測朕應 若合符契 然古語云 至人無夢 學者 若能修到無夢之地 庶幾不負先生忉怛爲人之苦心也 門生 劉雲記

발문

광서 갑신년(1884) 봄에 김제도金濟道 군이 그의 선친인 월창 선생이 저술한 『술몽쇄언』의 귀중한 글을 모아 간행하고서 나에게 그 유래를 부탁하여, 도리상 감히 사양하지 못했다. 전에 나는 스물아홉 살에 일찍이 선생의 문하에 나아가 배우고 도의를 닦아서 몇십 년 간 진실로 교화되었다.

함풍 경신년(1860)에 선생께서는 영가(현 경북 안동)로 돌아가 은거하시면서 가난을 편히 여기고 근심이 없었다. 동치 경오년(1870)에 세상을 떠나셨는데, 먼 산에 막혀 있고 무덤가의 나무는 이미 아름드리가 되었다. 멀리서 옛날을 생각하니 떨어지는 눈물을 금할 수 없다.

아! 선생께서는 순수하고 바탕이 높으며, 재주가 뛰어나 삼교(유불선)를 배우고 연구하였고, 나이가 들수록 공부가 전일專一하였다. 또한 사람을 깨닫게 하려는 뜻이 절실하여 이 글을 지으셨다. 꿈을 인용하고 비유하여 참된 것과 허망한 것을 밝혀서 인과를 분명히 하고, 망상을 일으키고 미혹되게 하는 것들을 쓸어버리고, 삶과 죽음을 다스려서 보는 사람으로 하여금 바로 깨닫게 하셨으니, 위대하고 훌륭하시다.

무릇 꿈이라는 것은 혼과 정신이 서로 응하는 것이다. 일찍이 그리움이 있으면 느닷없이 오고, 생각하는 바가 모이면 반드시 간다. 행복과 재앙이 나타나기 전에 조짐으로 알리고, 기쁨과 두려움은 망념과 통한다. 착한 사람과 그렇지 않은 사람은 생각이 다르며, 성기고 정교함을 밝히기 어렵다.

그렇기 때문에 『주례周禮』에 점치는 관원이 있어서 바른 꿈, 놀라는 꿈, 생각하는 꿈, 깨는 꿈, 면밀한 꿈, 괴이한 꿈과 함괘咸卦를 헤아리고 측정하였으니, 조짐에 응해 취합하여 맞추려고 애썼다.

그러나 옛말에 '덕이 극치에 이른 사람은 꿈이 없다'고 하였다. 만약 배우는 사람이 수행에 능해 꿈이 없는 경지에 도달한다면, 바라건대 선생께서 사람들의 괴로운 마음을 위해 근심하고 슬퍼했음을 저버리지 않을 것이다.

문생 유운劉雲 적음

저자 **김대현**(金大鉉, ?~1870)

조선 후기의 유학자로 호는 월창月窓이다. 집안 대대로 한성에 살았으며, 공부貢部의 관리를 지냈다. 40세에 『능엄경』을 접하고 불교에 귀의하였으며, 죽을 때까지 오로지 불교 공부와 수행에만 몰두하였다. 한평생 수많은 저서를 남겼으나 죽기 직전 『술몽쇄언』과 『선학입문』, 『자학정전』 세 권만을 남기고 모두 불태워 버렸다. 현재 『술몽쇄언』과 『선학입문』이 전한다. 조선 후기의 혼란하고 고통스런 상황에 놓인 중생들의 고단함을 덜어주기 위해 노력한 재가 선지식이다.

역자 **박성덕**(法悟)

동국대학교 철학박사(불교학 전공)
1976. 9. 부산 출생
2012. 9. 출가
2013. 9. 사미계 수지
2020. 9. 구족계 수지
유독 9월과 인연이 깊다. 이것도 꿈의 현상일까.
남들처럼 출퇴근해서 톱니바퀴처럼 일하고 나머지 시간에는 유희에 빠져 살다가 어릴 때 동경했던 환상의 세계, 20대 후반에 찾아온 공허함에 대한 물음, 늘 마음 한구석에 개운치 않게 자리한 죽음과 윤회라는 화두와 당당히 마주하고자 출가하였다. 장롱면허로 운전면허증과 더불어 직장생활 중 취득한 사회복지사 1급 자격증이 있는데, 수행은 물론 회향을 위해서 사회복지 실천의 필요성을 절감하고 있다. 복지사각지대와 환경문제에 관심이 많다.

불교를 사랑한 조선 유학자의 선어록

초판 1쇄 인쇄 2021년 1월 26일 | **초판 1쇄 발행** 2021년 2월 3일
지은이 김대현 | **옮긴이** 박성덕 | **펴낸이** 김시열
펴낸곳 도서출판 운주사
(02832) 서울시 성북구 동소문로 67-1 성심빌딩 3층
전화 (02) 926-8361 | **팩스** 0505-115-8361
ISBN 978-89-5746-637-7 03220 값 12,000원
http://cafe.daum.net/unjubooks 〈다음카페: 도서출판 운주사〉